初任法官养成机制研究

A Study of Cultivation Mechanism for New Judges

高仁宝　主编

法律出版社
LAW PRESS · CHINA

北京

图书在版编目（CIP）数据

初任法官养成机制研究 / 高仁宝主编. -- 北京：法律出版社, 2023
ISBN 978-7-5197-8676-2

Ⅰ. ①初… Ⅱ. ①高… Ⅲ. ①法官—工作—研究—中国 Ⅳ. ①D926.17

中国国家版本馆CIP数据核字（2023）第253916号

初任法官养成机制研究
CHUREN FAGUAN YANGCHENG JIZHI YANJIU

高仁宝 主编

策划编辑 朱 峰
责任编辑 苗 婕
装帧设计 贾丹丹

出版发行 法律出版社
编辑统筹 辞书·融出版编辑部
责任校对 晁明慧
责任印制 吕亚莉
经　　销 新华书店

开本 710毫米×1000毫米 1/16
印张 13 **字数** 20千
版本 2023年12月第1版
印次 2023年12月第1次印刷
印刷 天津嘉恒印务有限公司

地址：北京市丰台区莲花池西里7号（100073）
网址：www.lawpress.com.cn
投稿邮箱：info@lawpress.com.cn
举报盗版邮箱：jbwq@lawpress.com.cn
销售电话：010-83938349
客服电话：010-83938350
咨询电话：010-63939796

书号：ISBN 978-7-5197-8676-2
定价：60.00元
凡购买本社图书，如有印装错误，我社负责退换。电话：010-83938349

“初任法官养成机制研究”课题组成员合影

从左至右依次为　蔡军　张倩　邰永林　晏宝光　高仁宝　李庆　王亿哲　卢刚

“初任法官养成机制研究”
课题组成员

课题主持人：

高仁宝　安徽省蚌埠市中级人民法院党组书记、院长

课题组成员：

晏宝光　安徽省蚌埠市中级人民法院二级调研员

蔡　军　安徽省蚌埠市中级人民法院组织人事处处长

李　庆　安徽省蚌埠市中级人民法院宣教处副处长

邰永林　安徽省蚌埠市中级人民法院民事审判第二庭副庭长

张　倩　安徽省蚌埠市中级人民法院执行局综合管理科科长

卢　刚　安徽省蚌埠市禹会区人民法院审判管理办公室（研究室）主任

王忆哲　安徽省蚌埠市禹会区发展与改革委员会副主任

序 言

2019年以来，安徽省蚌埠市中级人民法院直面影响人民法院高质量发展的现实困境，紧抓执法办案核心重点，研究确立以法官职业化和审判专业化为总抓手，全面推进审判体系和审判能力现代化整体工作思路，坚持理论研究与实践探索同步推进，先后完成法官职业化和审判专业化专项调研，形成《蚌埠法院法官职业化建设路径构想和初探》《新形势下审判专业化的发展路径与拓展》调研成果，研究出台《关于全面加强全市法院审判体系和审判能力现代化建设的若干意见》，确立以法官职业化、审判专业化和管理一体化为核心的三轴耦合整体推进改革布局。试行探索，细化举措，数十项改革子项目围绕“三化”主轴协同展开，得以系统推进，落地生效，多项工作稳步转入高质量发展轨道。

功以才成，业由才广。司法之业，人才为要。我们在推进“三化”改革进程中，愈发认识到高质量培养初任法官确系保障人民法院各项工作高质量发展的基础性、战略性工程。初任法官如何培养是司法改革中具有深远历史意义的现实问题，其在一定程度上决定着审判的方向、正义的质量和法治的未来。法官员额制改革实现了对法院队伍现有精英群体的“认证”，但无法直接解决后续精英法官来源问题。科学构建初任法官养成机制，无缝对接员额制改革，实现法官职业化、专业化、一体化培养是保证改革实施成效，有效提供可持续人力资源供给的必要手段。蚌埠市中级人民法院于2019年下半年，即在推进“三化”改革整体框架内探索法官助理导师制改革。立足实际，制定出台《安徽省蚌埠市中级人民法院法官助理导师制实施办法》，积极探索初任法官养成的“蚌埠模式”。

2021年，蚌埠市中级人民法院在建院历史上首次中标最高人民法院司法研究重大课题《初任法官养成机制研究》，该院干警备受激励，倍加珍惜。课题中标以来，该院党组高度重视，第一时间抽调优秀调研骨干组建课题科研团队。之后，又进一步在两级法院及组织部门抽调调研骨干充实加强。邀请最高人民法院、安徽省高级人民法院相关领导及中央党校、复旦大学等专家学者召开开题论证会，明确课题研究总体思路和研究框架，讨论确定了具体翔实的调研方案。

课题组对我国东、中、西部117家中、基层样本法院开展深入调研，涵盖初任法官养成方式、功能定位、配置模式、成长需求、绩效考核、配套机制等数十个方面，且对古今中外初任法官养成机制予以全面梳理，对当前学界就相关研究文献资料作了较为翔实的系统综述。

本课题成果呈现了以下主要特点：

一是，遵循司法规律，坚持问题导向。从学理与实践两个维度聚焦影响当前初任法官养成机制运行的实践问题，从功能定位、运行结构、使用考核等多方面对当前初任法官养成机制面临的现实困境予以条分缕析。

二是，坚持系统思维，践行整体观念。将初任法官养成机制研究置身于整个司法责任制改革的发展大局来对接，与持续性提升人民法院整体司法能力相衔接，对初任法官养成机制构建面临的新形势予以剖析，对机制构建的运行环境、价值目标、利益衡平等予以梳理分析。很好地凸显了该院法官助理分层次、阶梯式晋级晋升模式的实践成效，以及完成预设培养目标的经验型法官助理方可参加员额法官遴选考试，营造必要竞争氛围，有效消解岗位倦怠与工作惰性，持续激发队伍工作活力的做法。

三是，将成于一域与放眼全局相结合，将谋求全盘设计与地方探索有机统一；既突出理论基础，又坚持以实务技能为核心，努力在学术范式创新和理论实践转换循环往复中不断实现螺旋式发展和提升，倾心为“准法官”们探寻出一条符合人才成长规律的技能进阶之路。该院以精细、有序、高效为目标，确立从法官助理到初任法官的项目化培养模式，明确由法官导师带领经验型法官助理组建“司法实践共同体”作为项目实施载体，构建“1+1”或“1+N”相结合的扁平化办案单元，坚持“在学中做”“在做中学”，通过“司法实践共同体”运行模式，将初任法官养成职能有机嵌入真实司法工作情境予以实战训练。在“司法实践共同体”运行模式下，法官导师与经验型法官助理基于司法实践深度融合，既有言传，亦有身教，以师带徒、以案促学、教学相长、交流互动。法官助理与资深法官“手把手”“面对面”一起直接参与各类案件审理，搭建实质化“传、帮、带”载体，全盘提升司法能力，整体提升办案质效。

四是，注重增进司法智慧，提升司法技能，探索实施分层养成模式。对经过一定年限司法辅助工作历练的高阶法官助理突出初任法官养成职能，由其与法官导师组建“司法实践共同体”，在法官导师指导下，对分配案件先行开展庭前调解、证据交换等工作。由法官导师与法官助理同堂开庭审理未调解成功案件，法官助理经导师许可，可参与事实调查、研判裁判思路、草拟裁判文书，实现庭审亲历与裁判权实习性行使，推动法官助理制度司法辅助与初任法官养成二元功能有机融合，为研究制定标准化养成规程积累实践经验。该院探索实行的以导师制为牵引的初任法官养成模式，通过“师徒”一对一指导和同堂审案的近身观摩、日积月累、潜移默化，有效实现了对司法经验与技艺更高层次的领悟与传承。

五是，直面当前机制运行短板，充分吸纳借鉴古今中外和地方法院实践经验做法，以工作场所学习理论、实践共同体理论和最近发展区理论为论证基础，对我国初任法官养成机制提出了兼容二元功能标准化构建三阶分层养成方案的完善建议。该院的建议方案对养成目标、养成任务、养成内容、养成方式、养成层级、条件设置、日常管理、考核考评、等级评定与晋升、遴选推荐与转任等问题均予以全方位系统设计，旨在高视野、全方位、阶梯式、实战化提升初任法官养成机制的科学性。在此基础上，该院草拟《初任法官养成规程》，形成一套更加契合实际、便利完备、务实管用的初任法官产出机制，构建全方位、多层次、全流程的初任法官培养格局，具有可推广、可复制的价值。

孜孜不倦，只争朝夕；拂晓熹微，历历在目。课题组历时一年有余，通过前期资料收集、文献梳理、问卷整理，在深入分析论证和实证调研的基础上形成初稿。又承蒙最高人民法院课题指导部门专家学者指正，根据意见建议反复修改论证，如期将成稿提交至最高人民法院课题评审委员会，经过专家评审，最终顺利结项，且结项成果得以出版发行，可喜可贺。

我真诚地期待该课题结项成果能够为更多的法院所学习借鉴，形成科学构建人民法院初任法官养成机制的共推格局，携手共建具有引领性、前瞻性法治人才培养体系，以高质量法官队伍推动人民司法事业高质量发展，努力在推进中国式现代化进程中展现更大司法担当，实现更大司法作为！

是为序。

叶　青

华东政法大学校长、教授、博士生导师

2023年6月28日于华政园

目　录

导　论……………………………………………………………………… 001

一、课题研究的背景 ………………………………………………… 001

二、课题研究的思路和方法 ………………………………………… 002

三、课题研究的意义 ………………………………………………… 004

第一章　初任法官养成机制的基本问题……………………………… 006

第一节　初任法官的内涵与养成机制发展 ………………………… 006

一、“初任法官”概念的提出 ……………………………………… 006

二、初任法官的内涵 ………………………………………………… 007

三、初任法官制度的发展变迁 ……………………………………… 008

第二节　初任法官养成机制的研究综述 …………………………… 010

一、关于建立初任法官养成机制的必要性 ………………………… 010

二、关于初任法官养成机制的职责定位 …………………………… 011

三、关于初任法官养成的主体 ……………………………………… 011

四、关于初任法官养成的方式 ……………………………………… 012

第三节　初任法官养成机制的职能定位 …………………………… 014
一、初任法官养成机制的传统职能定位 ………………………… 014
二、初任法官养成机制的新职能定位 …………………………… 015
三、我国初任法官养成机制职责定位与域外初任法官养成机制的区别 …………………………………………………………… 015
第四节　初任法官养成机制构建面临的新形势 ………………… 019
一、党中央对司法队伍建设提出新要求 ………………………… 019
二、人民法院深入推进司法体制改革对初任法官养成机制给予厚望 …………………………………………………………… 020
三、人民群众对初任法官养成机制有新期待 …………………… 021
四、初任法官养成的旧模式无法满足新要求 …………………… 021

第二章　我国初任法官养成机制的现实困境……………………… 023
第一节　初任法官养成的结构性困境 …………………………… 024
一、初任法官来源结构单一，生源补充不足 …………………… 024
二、初任法官养成对象年龄结构特征明显，成长速度缓慢 …… 026
三、初任法官养成对象任职结构狭窄，职业惰性滋生 ………… 027
第二节　初任法官养成的运行机制困境 ………………………… 029
一、初任法官养成对象的配置模式各异，理想需求和现实情况矛盾 ………………………………………………………… 029
二、初任法官养成对象的使用方式多样，难以满足养成需要 … 034
三、初任法官养成对象的管理主体多头，管理责任难以落实 … 036
第三节　初任法官的培养机制困境 ……………………………… 038
一、培养制度供给不足 …………………………………………… 038

二、培养方式不合理 …… 039
三、培养内容缺乏针对性 …… 041
四、分阶段培养难以落实 …… 043
第四节 初任法官养成的功能定位困境 …… 045
一、制度功能定位模糊 …… 045
二、职责定位不清 …… 046
三、身份关系不明 …… 049
四、司法运行功能不准 …… 050
第五节 法官助理的考核困境 …… 051
一、考核方案不系统 …… 051
二、考核方式多样化 …… 052
三、考核内容差异化 …… 053
四、考核标准不科学 …… 053
五、考核结果运用不理想 …… 054
第六节 初任法官养成的职业保障困境 …… 056
一、法官助理晋升通道狭窄 …… 056
二、法官助理职业期许低迷 …… 057
三、薪酬待遇不高 …… 058
四、职业保障不强 …… 059

第三章 我国初任法官养成困境原因分析 …… 061
第一节 宏观层面原因分析 …… 061
一、初任法官养成在改革脉络中的制度供给时滞 …… 061
二、制度移植后在我国司法体系框架下的功效演变 …… 066

第二节　中观层面原因分析 …………………………………… 068
一、二元功能的非同向性 …………………………………… 069
二、与法官养成规律的错位 ………………………………… 070
三、改革边际效应的递减 …………………………………… 071
第三节　微观层面原因分析 …………………………………… 073
一、法官助理培训目标脱离精英式法官改革需求 ………… 073
二、法官助理培训内容脱离初任法官培养目标 …………… 074
三、法官助理培训方式脱离法院工作现实 ………………… 075

第四章　我国初任法官养成历史考察 ……………………………… 079
第一节　我国古代的法官养成模式 …………………………… 079
第二节　新中国成立前的法官养成模式 ……………………… 081
第三节　新中国成立后至最新一轮司法改革前的法官养成模式 … 083
第四节　我国历史上法官养成模式对当前初任法官养成机制的启示 …………………………………………………………… 087
一、注重对传统文化的批判继承 …………………………… 088
二、必须重视法官培养 ……………………………………… 089
三、法官培养须立足国情 …………………………………… 089
四、应加强法律职业道德培养 ……………………………… 090

第五章　初任法官养成机制的域外考察及启示 ……………………… 091
第一节　英美法系国家初任法官养成机制考察 ……………… 091
一、英国初任法官养成模式 ………………………………… 091
二、美国初任法官养成模式 ………………………………… 093

三、英美法系初任法官养成模式的启示及借鉴 …………………… 095

第二节 大陆法系国家和地区的初任法官养成机制考察及启示 … 097

一、德国初任法官养成模式 ………………………………………… 097

二、法国初任法官养成模式 ………………………………………… 099

三、日本初任法官养成模式 ………………………………………… 101

四、我国台湾地区初任法官养成模式 ……………………………… 102

五、大陆法系初任法官养成模式的启示及借鉴 …………………… 103

第六章 我国初任法官养成机制的科学构建………………………… 106

第一节 机制构建的环境分析 ………………………………………… 106

第二节 机制构建的价值目标与指导原则 …………………………… 110

第三节 机制构建的功能厘定 ………………………………………… 114

第四节 机制构建的利益衡平 ………………………………………… 116

第五节 机制构建的具体路径 ………………………………………… 120

一、机制建构的基础理论 …………………………………………… 120

二、“情境实践”分层养成机制的标准化构建 …………………… 135

三、“两步走”方略的理性思考 ………………………………… 150

附 录……………………………………………………………………… 155

附件 1 人民法院初任法官养成规程（试行建议稿）……………… 155

附件 2 关于开展司法技术典型案例征集活动的公告……………… 165

附件 3 关于将司法技术及司法伦理内容纳入法官遴选考试范围的司法建议 ………………………………………………………… 167

附件 4 关于将司法技术及司法伦理等内容纳入法学院课程设计的司法建议 ………………………………………………………… 168

附件 5　关于印发《蚌埠市中级人民法院法官助理导师制实施办法（试行）》的通知 …… 169

附件 6　以导师制为牵引破解初任法官养成难题 …… 172

附件 7　最高人民法院 2021 年度司法研究重大课题《初任法官养成机制研究》调研问卷（一） …… 176

最高人民法院 2021 年度司法研究重大课题《初任法官养成机制研究》调查问卷（二） …… 181

最高人民法院 2021 年度司法研究重大课题《初任法官养成机制研究》调研问卷（三） …… 188

致　谢 …… 195

导 论

一、课题研究的背景

员额制改革实现了对法院队伍现有精英群体的“认证”，但其无法直接解决后续精英法官来源问题。科学构建初任法官养成机制以实现法官精英化培养，无缝对接员额制改革，是保证其实施效果，有效提供可持续性人力资源供给的必要措施。当前，我国以司法责任制为核心的司法体制改革已经完成法官员额制及人员分类管理改革，基本确立了通过法官助理参与司法辅助事务以培养初任法官的制度设计，不再适用“助理审判员制度+传帮带传授方式”的初任法官养成模式。初任法官的养成环境业已发生深刻变化。从制度层面看，我国司法体制改革已经进入配套制度综合推进时期，需要在夯实前一阶段司法改革既有成果基础上，填补各项制度空隙，以期连点成线、组面成体。从实践层面看，因法官助理制度自身亦存尚需完善之处以及资深法官示范引领作用尚显薄弱等原因，导致当前初任法官养成机制建设还不成熟。

员额制改革落地后，精英法官的后续养成问题浮于台面。虽然在过渡期内，尚有部分拥有审判经验的助理审判员在法官助理队伍中等待遴选，使近一段时期内初任法官养成的人力资源基础仍具有短期的优势，但是在不久的将来，随着这部分优势的逐渐消失，初任法官的主要来源则为在新招录的法官助理中从零开始、从无到有地培养出符合现行员额制背景下精英化、高素质法官群体。法官养成机制唯有革故鼎新，方能保证员额制运行效果，并为其提供可持续的人力资源。

人永远是第一位的。没有持续高水准的法官队伍，持续高质量的司法公正就难以得到保障。尤其是在当前深化司法责任制综合配套改革的背景下，亟须相关配套举措的跟进落实。因此，对初任法官养成机制予以深入研究具有现实的紧迫性且意义深远。

二、课题研究的思路和方法

（一）课题研究的思路

本课题立足我国法院初任法官培养、使用、职责定位、权限分配等实践情况，围绕形势变化和现实所需以及改革发展趋势、方向，深入开展广泛调研，主要围绕四个方面、六个问题开展研究。内容包括：(1)初任法官养成工作面临的形势。主要从党对政法干警素质要求更高，人民法院受理案件数量快速上升，人民群众更高质量司法需求，《人民法院组织法》《法官法》等方面进行梳理，全面把握新时代初任法官养成的要求和职责定位。(2)初任法官养成的实践模式。选取中、东、西等片区样本法院，围绕初任法官培养、使用、职责定位、权限分配等问题，通过深度访谈展开调研，考察、了解初任法官具体养成实践，对不同法院初任法官养成机制运行模式进行价值分析与评判，为路径优化的标准化、科学性及可行性奠定基础。(3)初任法官养成的理论分析。从历史角度看，深入研究我国初任法官养成的历史沿革和成败得失，挖掘和传承中华法律文化精华，汲取营养，择善而用。从域外角度看，从两大法系各选取代表国家，通过考察国外初任法官养成机制，分析各自运行土壤环境、机制优劣借鉴国外法治有益成果，认真鉴别、合理吸收。从绩效管理角度看，优化法官助理职责权限，特别是随着四级法院职责定位改革推进，需要解决分层培养、不同赋权问题。从发展趋势看，法官助理专业化、职业化是必然趋势，建立与法官职业标准既类似又有区别的职业准入、职业培养、职业监督、职业保障势在必行。(4)初任法官养成的路径优化。在理念定位方面，重点围绕贯彻落实习近平法治思想的“十一个坚持”，好干部的“五项标准”，年轻干部需要提高的“七种能力”，政法干警的“五个过硬”以及政法队伍建设的“四化要求”等重点，确立初任法官养成机制建设的价值定位、基本理念及构建原则。在培养环节方面，结合养成内容和养成程序研究结论草拟《人民法院初任法官养成规程》。在职业准入、权限设置方面，拟建立健全分层分段养成模式，结合司法的亲历性特征、工作场所学习理论、案件繁简分流改革以及基层“案多人少”的实际处境等，予以充分可行性与必要性论证。在培训内容方面，围绕突出政治、强化业务、提升涵养以及推动政治能力与业务素质双向融贯提升等方面，提出措施建议。

（二）课题研究的方法

本课题主要采取五种研究方法：(1)文献综述研究法。对国内相关研究现状进行评述。(2)实证分析法。通过司法数据统计、实地调研、问卷调查、座谈调研等方式，对我国当前初任法官养成实践现况进行系统分析和总结归纳，找准制约机制发展及改革价值目标实现的“瓶颈”，深入分析其中原因，确保课题研究的理论针对性及实践面向性。(3)深度访谈研究法。从司法供给侧改革的视角，对人民群众特别是案件当事人开展深度访谈，探寻初任法官需要养成的内容。对法官助理及部分资深法官进行深度访谈，了解他们的真实司法环境及想法。(4)价值分析法。根据价值衡量甄别规则，厘定制度设计及机制构建中可相容价值位序，嵌入与改革目标一致的价值考量；同时，在不相容价值间作出选择，抽离与改革目标相背离价值设计，在此基础上推进实践建构，防止认识误区和行动困境。（5）比较分析法。以为我所用为初衷，放眼国际，在路径构建过程中，通过比较不同国家和地区初任法官养成的模式选择、内容设计、优劣分析，为课题研究提供丰富的参照依据。（6）交叉研究法。参考医师以及教师专业化培养的成熟经验，交叉引入相关理论及经验做法，在充分予以适切性论证的基础上，融入人民法院初任法官养成机制建设及规程制定。

三、课题研究的意义

本课题在深入开展相关理论和司法实践研究的基础上，拓展了理论研究新视角，以通过理论创新更好指导人民法院初任法官养成机制的建设实践。

（一）课题研究的理论意义

系统梳理初任法官养成机制相关研究成果及基础理论，为新时期初任法官养成机制的构建提供理论支持与实践指导，丰富和发展中国特色社会主义司法理论体系。

（二）课题研究的实践意义

系统总结了初任法官养成机制运行存在的困难，全面把握初任法官养成实践，为初任法官养成路径优化过程中遇到的理论和实践难题提供对策依据，形成可复制、可推广经验总结，为司法实践提供前瞻性应对方案和参考。

（三）课题研究的现实意义

本课题注重针对性、实效性和社会影响，始终树立系统化思维，将课题研究融入整个司法改革体系予以考量，给予全方位利益衡平，立基于长效化培养高质量法官队伍，完善适合我国国情的初任法官养成机制，旨在持续高效向社会各界输送司法正义，努力让人民群众在每一个司法案件中感受到公平正义。

第一章　初任法官养成机制的基本问题

初任法官养成是法院队伍建设的重要内容，事关人民法院高质量发展。党的十八大以来，党中央高度重视法官的后备队伍培养和使用，以司法体制改革为抓手，大力加强法官队伍建设。2019年新修订的《中华人民共和国法官法》（以下简称《法官法》）认真总结近年来我国司法体制改革经验，取消助理审判员制度，正式建立以法官助理为重要支撑的法官遴选制度。但这种“两考一培训”遴选模式面临“法官助理—法官”在角色、职能、权限等方面的跳跃式考验，迫切需要从体制、机制上完善初任法官养成机制，以适应这种变化，让法官助理成长为优秀法官。

第一节　初任法官的内涵与养成机制发展

一、“初任法官”概念的提出

该表述最早见于政策文件，即《人民法院第三个五年改革纲要（2009—2013）》（以下简称人民法院三五改革纲要）。该文件第15条中规定：“完善初任法官任前培训制度和晋升晋级培训制度，切实增强人民法院服务党和国家工作大局与维护人民群众利益的司法能力。”这是首次正式将“初任法官”这一表述通过文件形式予以明确，但内涵界定并不清晰。该概念随后被《最高人民法院关于全面深化人民法院改革的意见——人民法院第四个五年改革纲要（2014—2018）》（以下简称人民法院四五改革纲要）、《最高人民法院关于深化人民法院司法体制综合配套改革的意见——人民法院第五个五年改革纲要（2019—2023）》（以下简称人民法院五五改革纲要）承继，为初任法官养成机制发展奠定基础。

二、初任法官的内涵

人民法院三五改革纲要虽然以文件形式正式将初任法官予以正式表达，但内涵不甚清楚，立法界、学术界、实务界均存在不同看法。第一，立法界观点。突出表现为将法官与初任法官区分开。如2019年新修订的《法官法》第12条规定了法官必须具备七项条件，其中第七项又规定，初任法官应当通过国家统一法律职业资格考试取得法律职业资格。第二，学术界观点。有学者认为，法官职业教育中的初任法官培训的对象是初任法官，或称为预备法官。[1]也有学者认为，“大陆法系国家的预备法官是指接受过大学法学专业教育后，通过了国家司法考试，从而取得预备法官资格并准备接受正规职前教育的青年人；普通法系的预备法官则是指那些不但具备了基本法学专业素养，而且经过考试并已经具备若干年职业生涯的中年律师们”。[2]第三，实务界观点。以《法官教育培训工作条例》为代表，更倾向于指符合法官任职条件的人员。如《法官教育培训工作条例》第16

〔1〕 胡田野：《初任法官培养与诊所式法律教育》，载《河南省政法管理干部学院学报》2008年第3期。

〔2〕 周正奎、乔焕然：《论现代司法理念与法官培训制度转型》，载360文库2019年5月8日，https://wenku.so.com/d/b652d8789ffdad2a6f671fa643ce2aa8。

条规定，法官培训分为法官职前培训、任职培训、晋高培训、在职培训。第17条规定，拟初任法官的人员，须接受法官职前培训，着重掌握审判实务技能，提高审判工作能力，培训时间为一年。再结合各省、市出台的法官遴选办法，可以看出在我国，初任法官是指符合《法官法》任命法官的七项条件且经过考试、考核、任命等法定程序予以首次任命而取得法官身份的人员。

三、初任法官制度的发展变迁

纵观初任法官制度，主要呈现三个特征：

（一）从制度变迁视角看，初任法官制度由无到有

初任法官制度以人民法院三五改革纲要为始，随着司法体制改革得以逐步建立。随后人民法院四五改革纲要和五五改革纲要以及2020年印发的《最高人民法院关于深化司法责任制综合配套改革的实施意见》承继“初任法官”这一表述，且内涵不断丰富，促进初任法官制度不断完善和发展。

（二）从内涵上看，初任法官制度的内容逐渐丰富

2009年人民法院三五改革纲要主要强调完善初任法官任前培训制度和晋升晋级培训制度，目的在于提高初任法官的司法能力。2014年人民法院四五改革纲要第50条规定：“改革法官选任制度。针对不同层级的法院，设置不同的法官任职条件。在国家和省一级分别设立由法官代表和社会有关人员参与的法官遴选委员会，制定公开、公平、公正的选任程序，确保品行端正、经验丰富、专业水平较高的优秀法律人才成为法官人选，实现法官遴选机制与法定任免机制的有效衔接。健全初任法官由高级人民法院统一招录，一律在基层人民法院任职机制。配合法律职业人员统一职前培训制度改革，健全预备法官训练制度。适当提高初任法官的任职年

龄。建立上级法院法官原则上从下一级法院遴选产生的工作机制。完善将优秀律师、法律学者，以及在立法、检察、执法等部门任职的专业法律人才选任为法官的制度。健全法院和法学院校、法学研究机构人员双向交流机制，实施高校和法院人员互聘计划。”该纲要站在改革法官选任制度的高度，明确了初任法官的招录、任职、来源三项重点内容。2019年人民法院五五改革纲要第53条规定：“完善法官选任机制。配合有关部门统一规范法官遴选委员会的设置、职能。推动强化法官遴选委员会的专业把关职能，适当增加法律专业人士比重，规范遴选标准、程序，推动建立常态性和机动性相结合的遴选机制，确保空缺员额及时增补。完善从符合条件的法官助理中遴选法官的选任标准和工作机制，配套健全分别适应地方法院、专门法院职能特点的初任法官培养机制。健全法官逐级遴选制度配套措施。进一步完善从律师、专家学者和其他法律工作者中公开选拔法官的工作机制。”该纲要对人民法院四五改革纲要有继承、更有发展，除完善遴选标准和工作机制外，特别强调初任法官培养要与法院职能特点相适应。

（三）从布局上看，初任法官制度的重要性逐渐增加

2009年人民法院三五改革纲要仅是将初任法官制度作为法院队伍建设工作的一部分，未形成制度体系。2014年人民法院四五改革纲要对初任法官制度定位明显寄予厚望，与我国法官选任制度改革相融合，创新提出初任法官由高级人民法院统一招录，一律在基层人民法院任职的机制。在法官来源方面，主要探索初任法官任职年龄、上级遴选以及完善从优秀律师、法律学者中选任等制度。2019年人民法院五五改革纲要更是将初任法官机制置于人员分类管理和职业保障的大局中谋划考虑。初任法官制度重要性随着司法体制改革深入推进，日益增加。

第二节　初任法官养成机制的研究综述

经过对相关文献梳理，调研组发现，初任法官养成机制的研究呈现学术界少、实务界多的特点。在中国知网，以“初任法官”为关键词，从1993年至2022年4月，共搜索文章321篇。其中，研究法官选任142篇、法官职业化14篇、员额制11篇、法官制度10篇、预备法官10篇等。与初任法官关联度较密切的仅有40篇。其中，大家比较关注初任法官选任，该类文章多达21篇；其他19篇分别涉及初任法官的任职、发展、培训等方面，其主要内容如下。

一、关于建立初任法官养成机制的必要性

多数观点认为，随着司法责任制深入推进，特别是法官选任制度的建立，亟须建立我国的初任法官养成机制。如广东省深圳市龙华区人民法院法官朱嘉蹊认为，我国缺少初任法官养成机制，经过“两考一培训”之后，法官助理选任为法官，其间缺少过渡期培养。〔1〕重庆市第一中级人民法院原院长卢祖新亦认为，目前我国的预备法官培训制度仍然存在时限严重不足、课程设置空泛、结业考试形式化等弊端，远未实现任前职业培训所应当达到的效果。〔2〕山东法院培训学院课题组在调研基础上认为，初任法官

〔1〕 朱嘉蹊：《初任法官精细化培养模式改革探析——以“法官助理—法官”过渡培养为视角》，载《中国审判》2020年第8期。

〔2〕 卢祖新：《优化初任法官成长路径 夯实法院发展根基》，载《人民法院报》2016年6月1日，第5版。

解决纠纷能力相对不足，其未经过规范化的预备法官培训直接走向审判岗位，但解决纠纷的实际能力并不能满足现实的司法需求。〔1〕重庆市高级人民法院法官高翔认为，通过资深法官传帮带，即“导师养成型”法官养成模式，尽管具有一定积极意义，但同时具有粗放式、个体性的特点，并不适宜法官职业化建设的长远需求，迫切需要建立符合新时代的初任法官养成机制。〔2〕

二、关于初任法官养成机制的职责定位

实务界囿于工作实践问题所限，多数法官认为初任法官养成机制职责定位就是为法院提供“熟练工”。如四川天府新区成都片区人民法院（四州自由贸易区人民法院）法官谭娟认为，从该市法院实践来看，培训的目的就是提升法官助理素能，以更好地协助法官办案，其本质上仍是法官助理的岗位训练，培养审判辅助事务“熟练工”。〔3〕也有法官认为，初任法官养成机制应当与法官职业化建设相适应，定位于法官职业化建设。如重庆市高级人民法院法官高翔则持本观点。有的学者认为，“红”与“专”要兼顾，培养复合型法官。〔4〕

三、关于初任法官养成的主体

主要有以下观点。法官培训学院的老师认为，国家是初任法官养成的

〔1〕 山东法官培训学院课题组、罗大乐：《关于完善预备法官培训制度的调研报告》，载《山东审判》2010年第4期。

〔2〕 高翔：《“程序养成型”基层法官养成机制的构建——以候补法官中国化的渐进改革为切入点》，载《法院改革与民商事审判问题研究——全国法院第29届学术讨论会获奖论文集（上）》，第48页。

〔3〕 谭娟：《嵌入式初任法官培养模式的建构初探——基于C市的个案研究》，载《中国法学教育研究》2020年第1期。

〔4〕 刘练军：《“红”与“专”：法官职业认知的理念与规范叙事》，载《法治研究》2019年第5期。

主体。如山东法官培训学院多次开展培训，对初任法官能力、素质、培训效果进行调研，其认为缺乏严格的培训制度，“先录用、后培训”，而不是“先培训，再录用”。[1]也有法官持分散说，认为各级法院法官、党组都是初任法官养成的主体。这也是我国初任法官养成的自发模式。多数法官在文章中都提到“导师制”“传帮带”等。

四、关于初任法官养成的方式

此方面观点较多，主要包括：（1）基层任职式。如全国人大代表刘玲建议，初任法官都应先到基层任职。[2]江西省高级人民法院规定，基层法院初任法官应到法庭工作两年以上。福建省厦门市思明区人民法院法官郭泽喆也认为初任法官一般到基层人民法院任职，并认为具有三大作用，即确立法官岗位初次分配规则；改善基层法官素质，促进职业发展机会平等，为逐级遴选奠定基础；遵循业务型普通法官成长规律，强化基层法院化解矛盾纠纷职能。（2）传帮带的“导师制”式，即由资深法官带着学习办案。（3）“程序养成型”基层法官养成机制。即通过引入候补法官制度，类似我国过去的助理审判员制度，在法官指导下协助办理案件，最后任命为员额法官。通过法律层面的一定赋权，其既能办理案件，也能得到发展。德国称见习法官，日本称判事补，韩国称初任法官，我国台湾地区称为候补法官。[3]（4）“嵌入式”养成方式。即基于工作场所理论引入法官助理培训，重新构建初任法官法院自主培养模式。该模式显著特点是各个法院提供工作真实场景进行职业训练，促使法官助理通过日常审判工作任务，在

〔1〕 山东法官培训学院课题组、罗大乐：《关于完善预备法官培训制度的调研报告》，载《山东审判》2010年第4期。

〔2〕 刘玲：《初任法官都应先到基层任职》，载《人民法院报》2014年3月6日，第6版。

〔3〕 高翔：《“程序养成型”基层法官养成机制的构建——以候补法官中国化的渐进改革为切入点》，载《法院改革与民商事审判问题研究——全国法院第29届学术讨论会获奖论文集（上）》，第48页。

与法官、同事的合作交流中，获得对法官职业和身份的理解、认同，养成司法品格、修养以及思维，构建知识框架，积累审判经验，发展审判能力，促进自身角色从高校毕业生到法官助理最终到精英法官的转变。[1](5)精细化养成模式。即建立法官助理分类培养机制，设置“2+2+N”三段职业训练计划（第一阶段为两年的程序性事务熟悉阶段、第二阶段为两年的综合素养提高阶段、第三阶段为N年的审判技能储备阶段），“3+1”的过渡安排（初任法官履职初期三个月暂不能独立承办案件，而是协助办案；成为初任法官的第一年仅办理简单案件），优化初任法官的培训体系（延长培训期、互动性教学、专题式实践、多学科渗透）。[2](6)分步式养成。重庆市第一中级人民法院原院长卢祖新持此观点。该观点主要认为法官养成分为法官助理阶段、预备法官阶段、初任法官阶段三个阶段，每个阶段侧重点不一。在第一个阶段，由资深法官为导师，发挥传帮带作用，围绕审查卷宗、归纳争点、主持庭审、撰写文书等审判基本技能开展辅导。在第二个阶段，采取“体外交流”方式指派预备法官到检察机关、司法行政机关、律师事务所等机构进行观摩学习，在此前司法研修的基础上更加强调实践性和操作性，进一步增强其对司法工作的深层次理解和认知。在第三个阶段，借鉴域外的“学术助理”制度，将初任法官上派至上级法院从事案例整理、学术研究并兼任法官助理工作，既能够提升青年法官的法学理论水平和司法能力，使其从更广视野、更高层面认识和思考问题，也能够为今后上级法院从下一级法院中遴选优秀法官提供人才备选。同时，可以有效解决上级法院法官助理的来源问题。(7)“诊所式”养成。该观点主要思想是让学生

---

〔1〕 谭娟:《嵌入式初任法官培养模式的建构初探——基于C市的个案研究》，载《中国法学教育研究》2020年第1期。

〔2〕 朱嘉蹊:《初任法官精细化培养模式改革探析——以“法官助理—法官”过渡培养为视角》，载《中国审判》2020年第8期。

参与到真实案件中，从而达到职业教育的目的。包括教育方法上采取以案例教学为主、讲授式为辅；课外教学上采取观摩、评价参与式；教育内容上采用实践式，注重专题研讨、学科教育、思维方式训练相结合；师生关系上以学生为中心，老师主要负责指导、帮助、组织和评价。[1]

第三节　初任法官养成机制的职能定位

职能定位即该制度的价值目标。初任法官养成机制的职能定位存在由传统职能定位向新的定位目标过渡转型的显著特点。

一、初任法官养成机制的传统职能定位

初任法官养成机制的传统职能定位主要体现在最高人民法院2006年制定的《法官培训条例》(已失效）以及人民法院三五改革纲要中。2006年《法官培训条例》开宗明义指出，为不断提高法官的政治、业务和职业道德素质，适应审判工作发展的需要，依照《法官法》《公务员法》制定该条例。亦即为满足审判工作发展需要而制定该条例。2009年人民法院三五改革纲要第15条也规定，完善初任法官任前培训制度和晋升晋级培训制度，切实增强人民法院服务党和国家工作大局与维护人民群众利益的司法能力。这种仅满足工作需要的职能定位显然不能适应蓬勃发展的司法改革形势，逐步呈现由传统向新时代转型过渡的特点。

〔1〕 胡田野:《初任法官培养与诊所式法律教育》，载《河南省政法管理干部学院学报》2008年第3期。

二、初任法官养成机制的新职能定位

这种变化主要体现在人民法院四五改革纲要、人民法院五五改革纲要以及新修订的《法官教育培训工作条例》中，体现出鲜明的与司法改革同步、为司法改革提供支撑的重要作用。如人民法院四五改革纲要将法官培训工作单独罗列，将初任法官选任、标准、机制、来源等四个方面工作放在完善法官选任格局下谋划布局，凸显与改革同步、为改革提供支撑的价值定位。人民法院四五改革纲要第50条及人民法院五五改革纲要第53条均明确将初任法官养成机制与完善法官选任机制一体部署、一体推进。2020年最高人民法院新修订的《法官教育培训工作条例》第1条规定，为推进法官教育培训工作科学化、制度化、规范化，建设高素质专业化法官队伍，依据《公务员法》《人民法院组织法》《法官法》和《干部教育培训工作条例》，制定该条例。通过以上政策规定可以看出，初任法官养成机制与改革法官选任机制、"四化"队伍建设密切相关，为改革奠定坚实基础。

三、我国初任法官养成机制职责定位与域外初任法官养成机制的区别

每个国家初任法官养成机制职责定位既有相同之处又有区别，笔者以美国、韩国、爱尔兰为例，予以阐述。

（一）域外法官养成机制的特点

1.美国的初任法官养成机制

（1）职责定位。以美国为代表的英美法系的法官选任对象是具有丰富执业经验的律师，其初任法官培训主要目的，抑或职责定位在于使新任命

法官能够快速实现角色转换，实现从“辩护手—裁判员”的跳跃。

（2）养成的主体。从层级上看，实行国家层面与地方并行制。即国家层面有联邦司法中心、美国法律协会、国家法官学院以及全国州法院中心。在地方层面，各州有自己法官培训中心。如福蒙特州规定，在新任法官的第一年必须参加国家法官学院的培训，然后参加州内举行的法官培训项目。〔1〕从美国法院内部运行情况看，团队培养、新老搭配等都是很重要的培训方式。如美国州法院，合议庭新老搭配很常见。三名合议庭法官通过庭审和判决，对年轻法官进行日常训练。对于上诉法院和初审法院同事来说，大多数人从比他们资历更深、更有经验的法官同事那里获得知识和经验，尤其会向首席巡回法官或首席地区法官学习。在联邦最高法院，资历最深通常是首席大法官，他们在向新任大法官传授法院的基本规则和价值观方面起主要作用。

2.韩国的法官养成机制

（1）职责定位。鉴于韩国法官主要是从大学毕业生中选任，该国的初任法官养成机制的职责定位主要是两个方面：一是为法官队伍储备人才；二是通过对初任法官实务训练，以促使其快速适应裁判者角色转换。

（2）养成方式。设立初任法官制度，两年期满后根据业绩表现决定是否任用为法官。任法官后须再任五年陪席法官才可独任审判或任审判长。实质系培训合格论观点，培训不合格的不得任命为法官。〔2〕在韩国，从事法律工作者不能直接成为法官，而是先做律师或法院审判研究员等，一定年限后才能申请成为初任法官。此时，他们必须进行任职培训，即到司法

〔1〕 胡田野：《初任法官培养与诊所式法律教育》，载《河南省政法管理干部学院学报》2008年第3期。

〔2〕 高翔：《“程序养成型”基层法官养成机制的构建——以候补法官中国化的渐进改革为切入点》，载《法院改革与民商事审判问题研究——全国法院第29届学术讨论会获奖论文集（上）》，第48页。

研修院接受初任法官研修，时间为两个月左右。通过培训以促进这些人员快速胜任裁判者角色。这种模式的基础是“通过司法考试者—从事律师或法院审判研究员—初任法官”，即有一定的从事法律实务经验，然后被任命为初任法官。

3.爱尔兰的初任法官养成机制

（1）职责定位。爱尔兰法官虽然也是从执业十年以上的律师中选任，但因其属普通法系国家实行判例法，经验与常识事关法律理解。故其初任法官养成机制的定位在于提升法官职业素养，确保其公平公正适用法律。

（2）养成主体。国家成立法官研习所，负责初任法官的培训。其授课内容更侧重于审判技巧、审判程序等。

（3）渐进式特点明显。即在被任命为高等法院或巡回法院的法官后，必须从事一段时间的书记员工作，以熟悉法庭流程。爱尔兰设立法官研习所负责组织正式的初任法官培训。其初任法官培训主要讲授法官行为规则、各级法院组织的相关法规，并邀请资深法官讲授审判经验与工作中需要注意的问题。[1]

各国家初任法官养成机制的区别主要是任职前是否需要严格培训。如法国设立国家司法官学院专司职业培训，时间为31个月。德国时间更长，达两年半。日本规定了严格的司法研修制度，要求在通过司法考试后必须进入国家的司法研修所参加为期一年半的研修、实习，合格后，才可以做助理法官。其职责定位非常清晰，就是把司法修习生培养成合格的可投入实践工作的法律职业人才。其课程设计注重培养和训练司法修习生处理各种实际法律问题的能力。除专门的职业教育外，还会选派一些优

〔1〕 李婕：《爱尔兰法官的选任与培训制度》，载《中国审判》2013年第2期。

秀的法官助理到美国、英国、法国和德国学习，以开阔法官视野，提高裁判水平。

（二）我国与域外初任法官养成机制的区别

1.域外初任法官养成机制的不足之处。以前述国家为例，有学者认为美国缺少正式的法官职业培训程序，出现了“新生社会化”以及“职业社会化”现象。即对于新角色的短期学习和调整以及过度依赖社会从业经历。〔1〕在巡回区法院，初任法官一般法庭上说得少，经常花更长时间书写意见，而且与比他们资历更长的同事经常产生不同的意见，或者经历一个“犹豫不决”期间。韩国则主要存在法官经历单一，缺乏社会经验等问题。爱尔兰则同美国类似，缺乏正式的法官职业培训程序。

2.域外初任法官养成机制与我国的区别。前文述及，域外预备法官培训定位更多的是解决司法技能问题，我国初任法官制度还承担着法官选任、分类管理、司法改革等任务。典型的如四级法院职能定位改革，除案件管辖、审判程序等方面的改革外，初任法官培养、使用、遴选都是应有之义。可以说，我国的初任法官制度代表着法院解决“案多人少”矛盾的新路径。“案多人少”是各国法院普遍面临的问题，以英国、美国、德国为代表的国家于20世纪70年代掀起“接近正义”运动，通过简化诉讼程序、引进替代性纠纷解决机制等，解决审判效率不高问题。〔2〕这些措施，我国已通过修改《民事诉讼法》的方式予以借鉴，但法院通过机构内部改革，确保法院良好运作，为群众提供有效救济，特别是初任法官养成问题，仍需深入研究。

〔1〕 美国国务院国际信息局编:《美国法律概况》，金蔓丽译，辽宁教育出版社2006年版，第333页。

〔2〕 张进德:《西方的接近正义运动与中国民事诉讼改革——以2012年〈民事诉讼法〉的修订为中心》，载《法治研究》2014年第5期。

第四节　初任法官养成机制构建面临的新形势

一、党中央对司法队伍建设提出新要求

“为政之要，惟在得人。”队伍建设始终是我们党工作的重中之重。党的十八大以来，习近平总书记多次对队伍建设提出新的要求。习近平总书记强调，千秋基业，人才为本。人的问题始终是事业发展的基础。打铁还需自身硬，就是要加强队伍建设。2017年，党的十九大报告指出，要建设高素质专业化干部队伍，强调要注重培养专业能力、专业精神，增强干部队伍适应新时代中国特色社会主义发展要求的能力。十九大报告同时提出，增强学习、政治领导、改革创新、科学发展、依法执政、群众工作、狠抓落实、驾驭风险“八个本领”。2018年，习近平总书记在新进中央委员会的委员、候补委员和省部级主要领导干部学习贯彻习近平新时代中国特色社会主义思想和党的十九大精神研讨班开班式上的重要讲话中强调指出，中央委员会成员和省部级主要领导干部必须做到信念过硬、政治过硬、责任过硬、能力过硬、作风过硬，即“五个过硬”。2020年，习近平总书记在中央全面依法治国工作会议上强调，要坚持建设德才兼备的高素质法治工作队伍。要加强理想信念教育，深入开展社会主义核心价值观和社会主义法治理念教育，推进法治专门队伍革命化、正规化、专业化、职业化，确保做到忠于党、忠于国家、忠于人民、忠于法律，即法治队伍“四化”新要求。可以看出，党对政法队伍建设要求高、标准严、内涵更高的要求，特别强调要树立“政治+业务+作风”的综合素质。近年来，法院系统出现原审判业

务专家“以案谋私”“靠案吃案”违法犯罪现象。在这些人忏悔录中，多次提到“只记得自己是审判业务专家，忘了自己是党员”。这些曾经是法院系统的专家、办案骨干走向违法犯罪，虽有个人原因，但也从另一个方面说明，当前养成机制存在重业务、轻思想、轻党性、轻纪律观念、轻作风的“一重四轻”问题，这些事例也对调整改进初任法官养成机制提出警醒。

二、人民法院深入推进司法体制改革对初任法官养成机制给予厚望

党的十八大以来，我国启动了新一轮以司法责任制为核心的司法体制改革，实行法官员额制，建立法官助理制度，推行分类管理，改革法官选任条件等。特别是建立“让审理者裁判，由裁判者负责”的新型审判权运行机制，凸显法官地位，也对法官素质及后备力量提出更高要求。一是初任法官养成机制要为法官选任提供“熟练工”“蓄水池”。我国与西方国家法官选任制度最大的不同在于法官来源。我国主要从大学毕业生中招录公务员，以及从在法院工作一段时间的法官助理中选任法官，并不从长期执业的律师队伍中选任法官。加上目前“案多人少”问题突出，办案力量越发趋于紧张，这就要求初任法官养成机制首先要培养足够数量的司法“熟练工”，为法官选任提供“蓄水池”。这一职责需求十分迫切，在基层法院尤显突出。以蚌埠法院为例，基层法院符合法官选任条件的干警不多，2020年，在安徽省五河县法院曾出现4∶3近乎等额选任现象。这一数据说明，初任法官养成机制的“蓄水池”功能没有得以充分发挥。二是初任法官养成机制要培养高素质法官。新修订的《法官法》取消助理审判员制度，重新构建“法官助理—法官”的跳跃式法官选任制度，必然要求初任法官养成机制适应这种新形势，构建体系化制度和举措，以确保初任法官素质高、能力强、作风硬，快速适应新的角色转换。根据山东省法官培训学院及本书课题组的调研发现，初任法官的纠纷解决能力不能满足现实的

司法需求主要体现在六个方面：(1)不能有效地掌握审理案件的基本方法；(2)在证据运用上存在“机械司法、秀才办案”的现象；(3)在事实认定上缺乏良好的判断能力和思维习惯；(4)不能准确把握庭审重点、掌控庭审节奏；(5)缺乏调解的技巧与方法；(6)裁判文书制作质量不高。[1]由此亟须持续改进初任法官养成的方法、路径，为审判岗位提供高素质法官。

三、人民群众对初任法官养成机制有新期待

习近平总书记指出，全面推进依法治国，必须坚持公正司法。公正司法是维护社会公平正义的最后一道防线。如果人民群众通过司法程序不能保证自己的合法权利，那司法就没有公信力，人民群众也不会相信司法。全面依法治国最广泛、最深厚的基础是人民，必须坚持为了人民、依靠人民。当前，群众法治意识增强，对高质量司法需求日益增加。案件对法官而言可能就是一个案件，但对当事人而言，每个案件都涉及其财产、生命、自由，没有大小、轻重之分。特别是随着法律关系日益复杂，案件涉及当事人多，社会影响也在扩大，法官不仅需要有娴熟的法律专业技能，还要有做群众工作的能力和大局意识。特别是在遇到社会关注的案件时，要不仅会依法办案，还要善于引导社会舆论，将案件变成法治公开课，进而发挥裁判规范、引导社会的作用。

四、初任法官养成的旧模式无法满足新要求

前文述及，我国的初任法官养成的传统模式主要有三种：(1)学徒式。即跟着某个法官办理案件，负责庭前准备、文书撰写、调解等工作，进而掌

〔1〕 山东法官培训学院课题组、罗大乐：《关于完善预备法官培训制度的调研报告》，载《山东审判》2010年第4期。

握办案技能与经验。这种模式存在起点低、学历低、随意性强，特别是存在重业务、轻政治，重技能、轻理论的问题，实践效果并不理想。〔1〕这种模式随着司法体制改革取消助理审判员制度，建立法官助理制度，需要改进。(2)集中培训式。即对符合条件的法官助理集中时间、集中内容、集中场所进行培训，以满足法官助理向法官角色转变的需要。该模式存在的主要问题是课程零散，无法实现系统性培养，即以技能知识为主的培训内容无法实现能力导向的复合型培养目标。〔2〕(3)挂职锻炼式。主要是让年轻法官助理到基层法院任职锻炼，或者是中级法院法官助理到上级法院跟班学习，以增强办案能力。根据笔者访谈特别是对法官的访谈结果来看，普遍认为帮助别人办案与自己办案时的责任心、压力都不一样。

以上三种传统模式主要存在三个方面问题：第一，角色转换难。过去是帮助法官办理案件，甚至是没有办理过案件，现在突然让整个案子的事实调查、法律适用由自己裁决，角色转换迟缓。第二，知识储备不足。特别是年轻的法官助理，社会阅历较浅，如办理商事案件，对商事规则了解不足，不善于做群众工作，调撤率不高等。第三，学习途径窄。这一点在基层法院比较突出，法官独任制审理，相互交流办案及学习的平台、方式、路径不宽。

综上所述，初任法官养成的对象、模式、条件已发生深刻变化，传统三种模式已难以适应新的需求，迫切需要加以解决。

---

〔1〕 周正奎、乔焕然：《论现代司法理念与法官培训制度转型》，载360文库2019年5月8日，https://wenku.so.com/d/b652d8789ffdad2a6f671fa643ce2aa8。

〔2〕 谭娟：《嵌入式初任法官培养模式的建构初探——基于C市的个案研究》，载《中国法学教育研究》2020年第1期。

第二章　我国初任法官养成机制的现实困境

为了对我国各地初任法官养成的现状和问题进行分析，课题组选取了117家样本法院进行实证研究。上述样本法院既包括中、东、西部地区法院，涵盖中级法院、基层法院，样本较为广泛，具有一定的典型性，可以比较全面地反映我国初任法官养成的现实情况。实证调研主要是通过发放调研问卷和访谈的形式展开，调研问卷内容针对法院组织人事部门负责人、员额法官、法官助理三个调研对象来分别设计。对员额法官的调查问卷共收回有效样本2524份，包括基层法院法官2076份，中级法院法官448份。其中，部门负责人281人、中层副职496人、员额法官1747人。对法官助理的调查问卷共收回有效样本1834份，其中中级法院322份、基层法院1512份。对法院组织人事部门负责人调查问卷共收回有效问卷108份，其中基层法院92份，中级法院16份。[1]

各级法院组织人事部门对本院法官养成的情况最为了解。员额法官和法官助理是法官养成的最为重要的参与者，员额法官都具备养成的经验，而法官助理是法官养成的对象，对法官养成机制有着最为深刻的体会和理解。鉴于法官养成的对象是在编法官助理，故本次调研对象的法官助

〔1〕 需要说明的是，部分调查问卷存有问题回答不全面或者选择性参与个别问题未作回答现象，部分选项统计数据不能与上述数据完全吻合。

理均是指在编法官助理，聘任制法官助理不在调研对象之列。

第一节　初任法官养成的结构性困境

一、初任法官来源结构单一，生源补充不足

从法官助理共收回有效样本共1834份，其中中级法院322份，基层法院1512份。

（1）从性别上来看，女性稍多，占比52.34%，男性占比47.66%，性别差异并不是太明显（参见图2-1）。

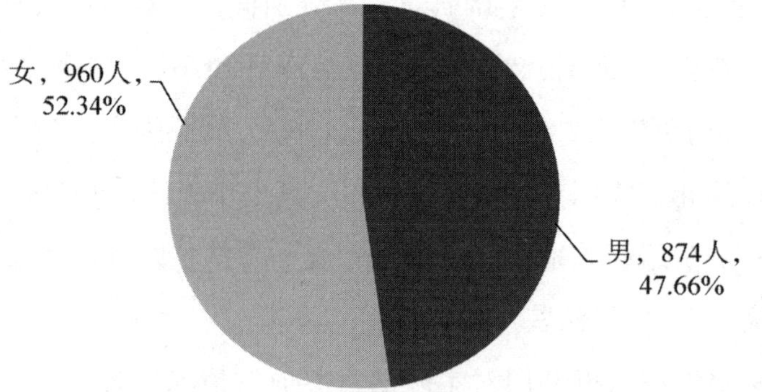

图2-1　法官助理性别分布

（2）从年龄分布上来看，法官助理在年龄方面具有明显的特征（参见图2-2）。

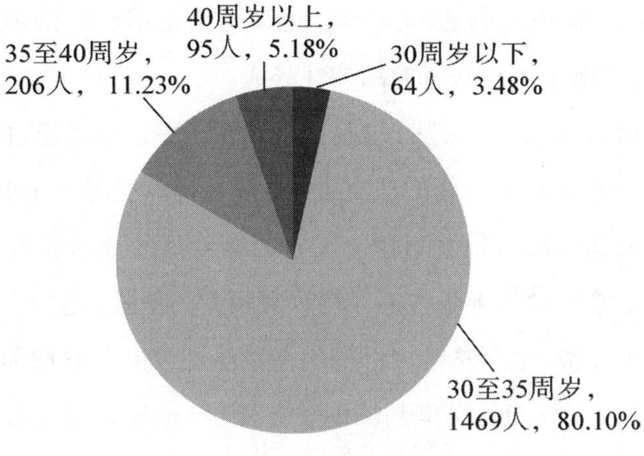

图2-2　法官助理年龄分布

（3）样本结果显示，作为初任法官养成的对象，在编法官助理在年龄结构上表现出来源狭窄的特征。样本中，30周岁以下的64人，占比仅3.48%，比例非常小。对多数法院在访谈中表示存在年轻法官助理来源单一、补充不足的现状，符合目前我国法官助理的结构性招录的特征。由于我国法院当前基本都是按照公务员招考的形式统一招录正式编制人员，基层法院的法官助理主要来源就是新进入的公务员，一般都是以招录法官助理的名义招录新公务员，部分法院的新法官助理是由书记员转任而来。大部分法院的现实工作中即便是招录的法官助理，也会从事一至两年的书记员工作，以便熟悉各种工作程序，为能胜任以后的工作打下基础。由于各个法院的编制受到限制，法院如果需要招募新的公务员必须等编制出缺，而编制出缺的主要方式是自然退休、调离、辞职等，这种人事变动的情况不多。新入公务员职位不多，法院普遍出现法官助理缺乏生源、补充不足的现象。

员额法官的调查问卷结果也能够证实法官助理缺乏的现象。对于“您认为本单位的法官助理数量能够满足需要吗？”的提问，员额法官中有

1665个选择不能，占比高达65.97%。这从侧面说明法官助理来源单一导致数量缺乏，影响了初任法官的结构性养成。

对于中级法院、高级法院、最高人民法院来说，可以通过从下级法院选调法官助理的方式补充新的法官助理，但是仍然受限于编制限制，难以补充到足够的初任法官培养对象。随着我国经济的快速发展，近十年来，各级法院的案件数量每年基本都保持较大幅度的增长，绝大多数法院的案件数量都翻了几番，但是法院内部的编制数量却没有足够增加。在案件激增的巨大压力下，只能通过审判辅助事务外包、增加聘用人员数量等方式来缓解法官压力，需要正式编制人员的根本性问题无法得到改善。现在多数法院的正式工作人员满负荷工作运行，需要更多的法官助理来养成法官以办理案件。但是编制的限制导致生源来源狭窄单一，进口不畅通，让局面陷入循环困境。

众所周知，培养成初任法官需要高素质的培养对象，也需要足够数量的培养对象。目前，我国法官员额制确立了精英法官培养思路，培养出精英法官也意味着相当一部分培养对象不能够成为员额法官。但是培养对象来源单一、基数偏小的现状明显影响初任法官的养成。

二、初任法官养成对象年龄结构特征明显，成长速度缓慢

图2-2中，30至35周岁的法官助理占绝大多数，占比为80.10%，充分说明法官助理在年龄方面正处于工作的黄金期，相对成熟，能力上得到一定的锻炼，对于法官养成已经具备了相应的条件。35至40周岁的法官助理占比为11.23%，应该说这部分法官助理对于成长为初任法官的要求更为迫切。而在40周岁以上的有95人，占比为5.18%，相对较少，其大部分系由于各种原因没有进入员额的原有助理审判员转任而来，部分同志长期在岗

综合部门、执行部门工作，脱离审判业务时间较长，成为员额法官的意愿较低。还有部分同志是因为纪律处分等原因，在进入员额方面有一定的障碍，再加上年龄偏大等因素，并不是法官养成的主力对象。

法官助理的年龄结构上呈现两端小，中间大的特征。30至35周岁年龄段的法官助理具有成为法官的能力，但是仍然是一名司法辅助人员。调研发现，囿于人员分类和员额比例限制，多数法官助理感觉成为员额法官路途遥远。与同级公务员相比，同一时期进入公务员队伍的行政部门公务员多数已经成长为领导干部，而法院系统由于职数限制，法官助理成长为员额法官过程缓慢。

三、初任法官养成对象任职结构狭窄，职业惰性滋生

在1834份有效样本中，担任法官助理5年以内的有164人，占比8.94%，比例较小；5至10年的有1595人，占比达86.97%；10年以上的有75人，占比4.09%，任职时间偏长但占比最小（参见图2–3）。

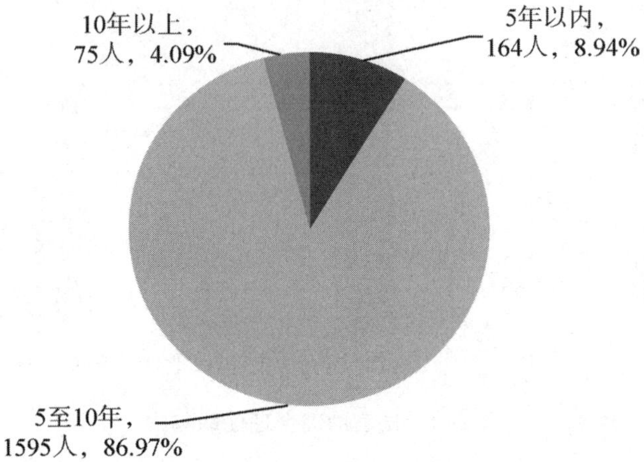

图2–3　法官助理任职时间

从司法实践来看，大部分人担任法官助理5年以上已经具备了成为初任法官需要的各种能力：了解司法程序，业务娴熟；在接待当事人、证据交换、处理鉴定等程序性事项以及草拟法律文书时相对熟练。但是由于员额法官名额等因素的限制，这部分法官助理成为初任法官还需要相当长的时间。在长时间的单一任职中，出现职业惰性的情况并不少见，不利于个人成长。

调研中对于“您认为遴选产生员额法官的法官助理任职年限多少较为合理？”的问题的回答也表明，470名员额法官认为法官助理经过5年以上的培养已经足够，只有15个人选择了6年以上（参见图2-4）。但是调研显示工作已经5年以上的法官助理占比高达91.06%，法官助理对于实际任职年限和成长为初任法官的合理任职年限的心理预期存在较大落差，这会催生职业惰性，影响工作成效。

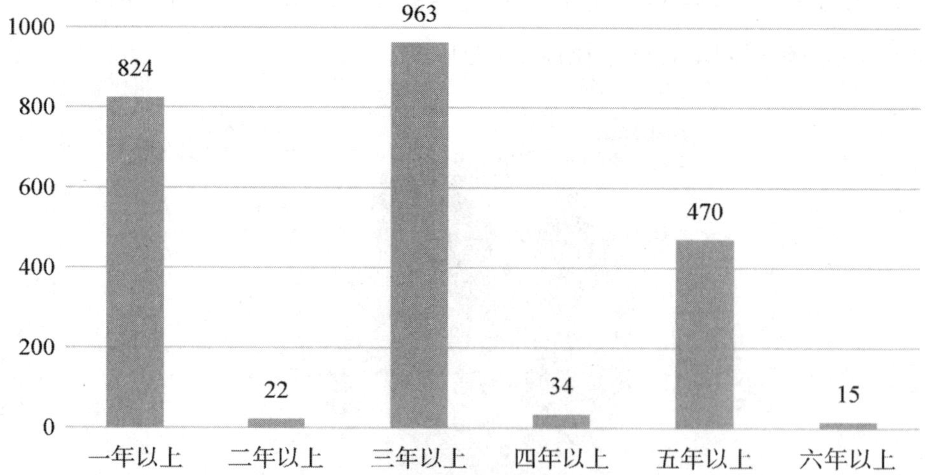

图2-4　法官助理合理任职年限

第二节　初任法官养成的运行机制困境

一、初任法官养成对象的配置模式各异，理想需求和现实情况矛盾

（一）法官助理配置模式多样

法官助理的配置模式主要有四种方式：一是直接配置给员额法官，具体工作任务由员额法官安排；二是配置给审判团队，工作任务根据审判团队内的情况进行安排；三是直接配置给合议庭，由合议庭根据工作任务进行安排；四是直接配置给业务庭，由业务庭根据庭内的事务分工开展工作。调研结果显示，各个法院的法官助理的配置模式存在多样化的特征。

共向117家法院发放样本，根据收回的108家法院人事部门负责人的调查问卷显示（参见图2-5），直接配置给员额法官的有28家，占比25.93% 。直接配置给审判团队的有26家，占比24.07%。

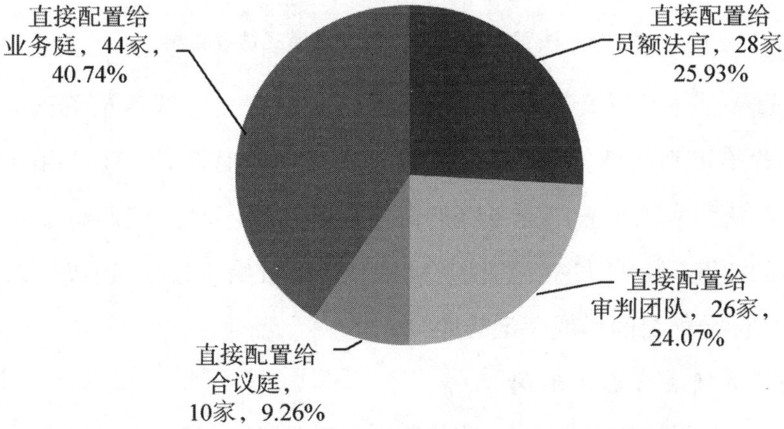

图2-5　样本法院法官助理配置模式

（二）法官助理感受各异

对于法官助理的配置模式，在对1834名法官助理的调查问卷中，关于“您认为你所在单位法官助理的配置模式是否合理”的问题，回答合理的733名，占比39.97%；认为不合理的1101名，占比60.03%，表明多数法官助理并不认同目前的配置模式。对于“您认为最合理的法官助理配置模式是：A.直接配置给员额法官 B.直接配置给审判团队 C.直接配置给合议庭 D.直接配置给业务庭 E.其他”的访谈，选项结果统计如下（参见图2-6）：

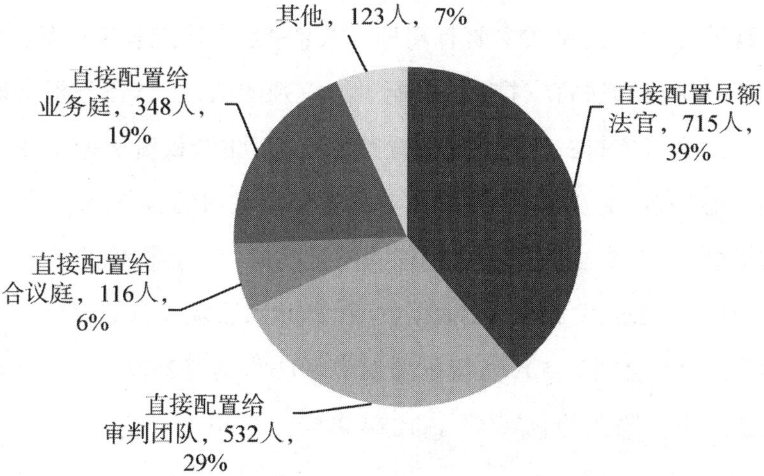

图2-6 法官助理认为合理配置模式访谈结果

通过图2-6可以看出，法官助理更倾向于直接配置给员额法官，其次是配置给审判团队，这二者都相当于由员额法官管理，直接由员额法官负责。认为应当配置给业务庭的法官助理占比不高，但调研实践中有40.47%的法院（参见图2-5）将法官助理直接配置给业务庭，造成个人愿望和法院实际分配之间形成一定的冲突。

（三）员额法官看法不同

通过对基层法院2524名员额法官发放调查问卷，其中有1035名认为法官助理直接配置给员额法官更为合理，占比40.99%（参见图2-7）。

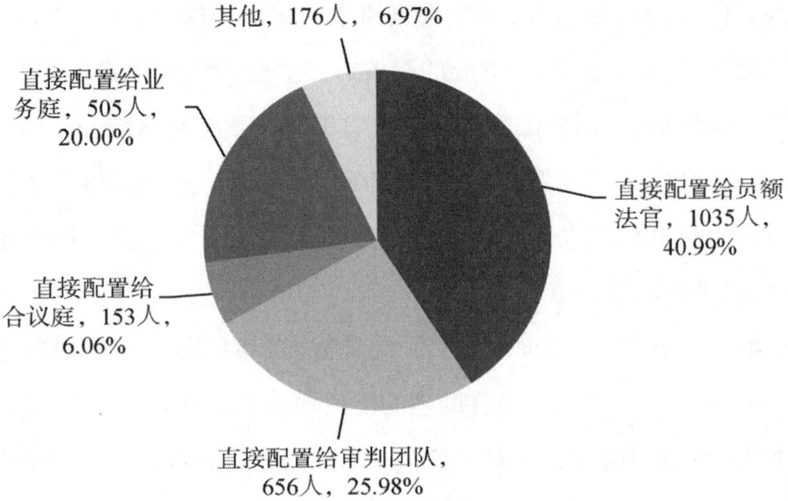

图2-7　员额法官认为合理配置模式访谈结果

法官们认为，当前员额法官独立办案，审判辅助事务较多。法官助理可以处理大部分的审判辅助事务，让员额法官有更多精力集中于审判核心事务，法官助理也更好地发挥作为法官助手的功能。

法官助理的培养采用固定的法官助理跟随方式，可以从审判辅助事务的处理、庭审流程的把握、庭审技巧、案件调解、法律文书草拟、裁判文书送达等多方面指导法官助理，有助于全面提升法官助理能力。当前，司法体制改革正在深入推进，审判团队是当前办案的主流模式，把法官助理直接分配给审判团队可以由团队根据实际情况具体使用。多数法院由于编制的限制，法官助理的人数较少，不能够满足一名员额法官配备一名法官助理的需要，将法官助理配置给审判团队，从事审判辅助事务便是更务实的选择。法官助理在审判团队中集中处理团队内的综合事务，更加高效和便捷。但是，由于一名法官助理可能会处理多名员额法官的事务，不可避免地会存在工作冲突，需要团队内的成员之间做好配合和衔接工作。

调查样本显示，实践中有44家法院将法官助理配置至业务庭，占样本总数的40.74%。，占比最高；将法官助理配置给合议庭的法院较少，仅有

10家，占样本总数的9.26%，多数根据原来的知识产权、劳动争议等专业合议庭的配置进行调配，不是主流的配置方式。全国法院内设机构改革后，业务庭室编制缩减，部分法院仍然将法官助理配置至庭室综合使用。尤其是立案庭等综合部门，需要部分法官助理承担立案、送达等综合工作。在民事、刑事审判庭，配备至庭室的法官助理更便于庭室负责人综合配备使用，也可以灵活调整岗位。

但是，各法院对法官助理的实际配置情况（参见图2-5）和员额法官的看法存在不同，对于“本院法官助理的配置模式是怎样的”问题，员额法官中选择直接配置给员额法官的1943人，占比76.98%；选择直接配置给审判团队的328人，占比13.00%；选择直接配置给合议庭的26人，占比仅有1.05%；选择配置给业务庭的227人，占比8.99%，由于部分法院配置模式存在多样化的情况，部分配置模式会有重合，故部分样本总数会超出实际访谈人数，下同（参见图2-8）。

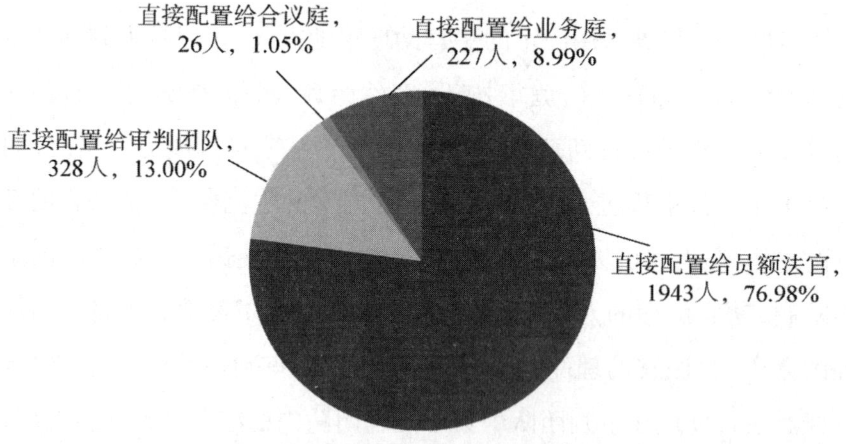

图2-8　员额法官对法官助理实际配置模式的访谈结果

这一结果说明在整个模式中，员额法官认为法官助理直接配置给法官的占大多数，和上述对于单位的访谈结果存在一定的差异。出现这种差异的原因，主要是配置到审判团队、业务庭内的法官助理会进行二次分配。司法实践中，任务到人、分工明确会明显提高工作质效。多数法官助理有其固定跟随的员额法官，其按照法官的指示从事审判辅助事务工作。在部分团队、业务庭内也会有从事综合业务的法官助理，但对审判辅助核心事务来说，如协助办理案件、草拟法律文书等，往往员额法官会有固定的法官助理。

同样，对于“你认为所在单位法官助理配置是否合理”的问题，员额法官中认为合理的1696人，占比67.20%；认为不合理的828人，占比32.80%。即约1/3的员额法官认为现在的配置模式不合理。对于“您认为应当如何配置法官助理的数量”的问题，选择员额法官与法官助理按照1∶1配置的2119人，占比高达84.25%；选择法官助理与员额法官按照2∶1配置的163人，占比6.49%；选择法官助理与书记员按照1∶1配置的41人，占比1.62%；选择以审判团队为单位，按照一定比例配置的有100人，占比3.98%，选择以案件数量确定法官助理数量的有92人，占比3.66%（参见图2-9）。上述数据表明，在配置数量上，员额法官大部分倾向于以员额法官为基数同比配置法官助理；实践中，法官助理与员额法官按照1∶1配置也是最理性的方式。但是由于目前法官助理数量较少的原因，难以满足员额法官的实际需求。

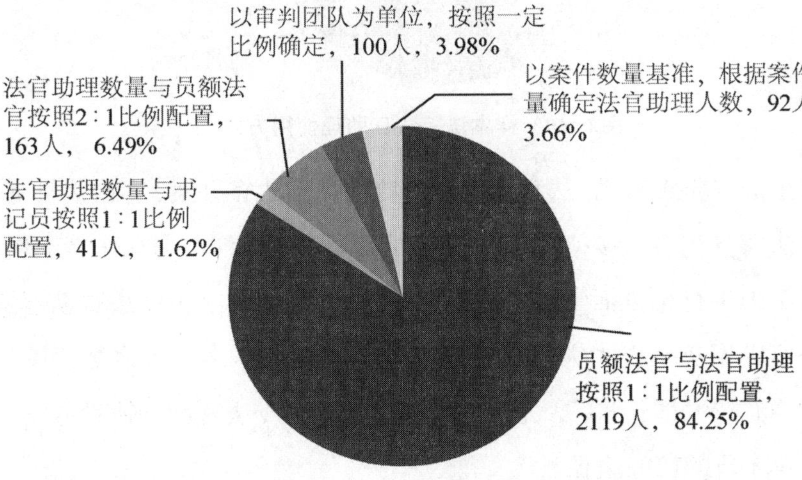

图2-9　员额法官对法官助理配置数量的访谈结果

二、初任法官养成对象的使用方式多样，难以满足养成需要

在使用方式上，法官助理的主要作用有三种：一是协助员额法官办理案件；二是从事审判辅助工作；三是从事综合事务工作。

通过法院调研样本分析可知，法官助理协助员额法官办理案件的有98家，占比57.65%；从事审判辅助工作的49家，占比28.82%；从事综合事务工作的21家，占比12.35%；选择其他的有2家，占比1.18%（参见图2-10）。需要说明的是，对于法官助理如何使用的问题回答样本总数为170家，超过了108家访谈对象，表明部分法官助理从事的工作具有交叉的现象。

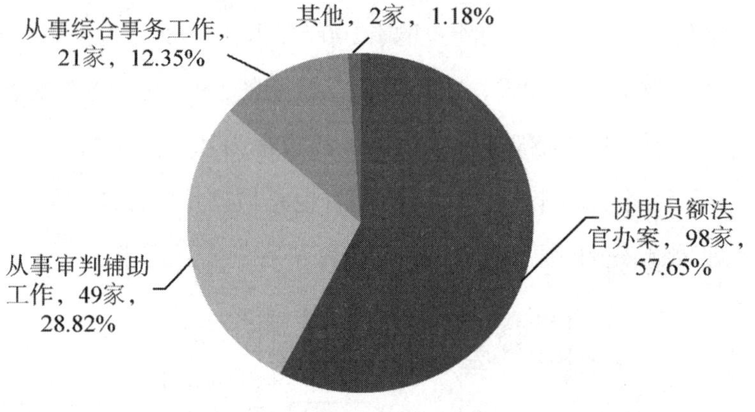

图2-10　样本法院法官助理使用方式

对于法官养成来说，法官助理通过协助员额法官办案，直接接触案件，其跟随法官从当事人接待、案件调解、庭审驾驭、裁判文书写作等工作中，耳濡目染地进行全方面学习，有助于个人的成长。实践中，法官助理协助员额法官办案还可以大大分担员额法官办案业务压力。大多数法院的案件每年均有较大增长量，“案多人少”的矛盾突出，法官助理协助办案也是缓解人案矛盾的较好途径。

法官助理从事的审判辅助事务也是较为重要的工作。除了庭审、签发法律文书，法官助理可以从事包括草拟法律文书在内的绝大多数审判辅助事务，让员额法官集中从事审判核心事务，更好地利用司法资源高效结案。所以，很多法院让法官助理从事审判辅助事务。法官助理工作中也承担了部分综合事务，如立案、宣传报道、材料撰写等，有相当比例的法院将法官助理安排专职综合岗位。从图2-10可以看出，各个法院差异化安排法官助理职能。

实践中，部分法院对于法官助理的使用还存在多种方式并存的现象，通过对法官助理的问卷调查也可以反映法官助理目前从事的工作性质。对于“您目前的工作模式是：A.跟随1名法官辅助办理案件；B.跟随多名法官辅助办理案件；C.在综合行政部门工作，不办理或办理少量案件；D.基本上独立办理案件”的问题，多数法官助理辅助法官办案。其中，跟随1名法官办案的623人，占比33.97%；跟随多名法官辅助办理案件的917人，占比50%，两者合计达83.97%；从事综合辅助工作的258人，占比14.07%；基本独立办理案件的36人，占比仅1.96%（参见图2-11）。

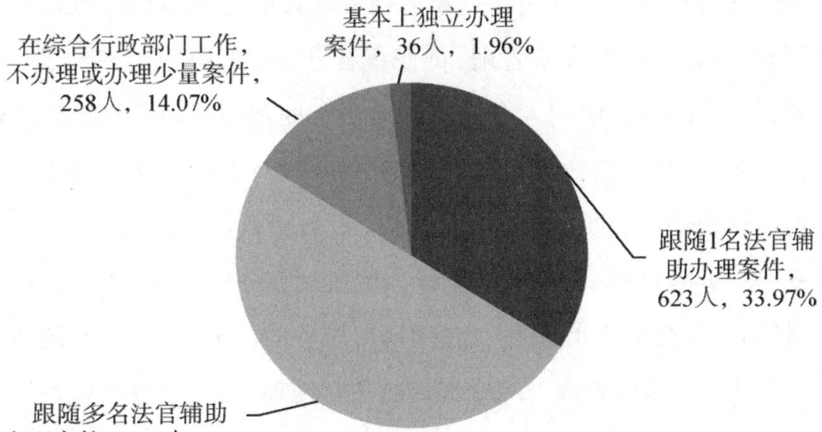

图2-11　法官助理对法官助理工作模式的访谈结果

初任法官的养成需要培养多种技能，在使用方式上更应注重对实际能力的养成。上述调研结果表明，目前的法官助理使用方式缺乏系统化的安排，各个法院普遍根据实际情况进行调配使用。面对人案矛盾现状，法官助理作为资源调配的重要力量使用，难以满足初任法官养成的需求。除了系统化的理论培训和集中学习，跟随员额法官学习提升审判能力应是初任法官成长的最重要途径。对于“您在跟从员额法官辅助办案过程中，学到可以意会，不可言传的司法技艺隐性知识主要存在于哪些环节或领域”的问题，选择案件调解环节的有522人，庭审驾驭环节的451人，判后释惑环节的510人，选择当事人情绪引导安抚环节的有270人，其他环节的有81人，表明法官助理在各个环节都有强烈的学习需求，可以在使用方式上注重提升综合审判能力。

三、初任法官养成对象的管理主体多头，管理责任难以落实

对初任法官的养成对象即法官助理的管理极为重要，但实践中却是法官助理的管理主体不明确，管理的主体多头化，管理责任难以落实，影响了初任法官的养成。部分法院是政治处负责人事工作，负责对员额法官、法官助理、行政人员的人事管理，即职级晋升、法官遴选、工资待遇、福利发放等。部分法院是组织人事处负责对法官助理的管理。直接配置给员额法官的法官助理，在业务工作上属于员额法官；若员额法官属于业务庭或者审判庭，该法官助理还要接受庭长、审判团队负责人的管理，同时承担庭室、审判团队内综合事务的责任。配置到业务庭、审判团队的法官助理，同样需要接受庭室负责人、庭室副职、服务的员额法官、审判团队负责人等多个管理主体的管理。综合部门的法官助理，部门领导和院负责组织

人事的部门是管理主体。

在对员额法官的访谈中，关于“您认为法官助理应如何进行管理”的问题，选择本院集中管理的631人，占比25%；选择员额法官管理的518人，占比20.52%；选择审判团队管理的1256人，占比49.76%；选择庭室管理的73人，占比2.89%；选择其他的46人，占比1.82%。即约一半的员额法官认为应该由审判团队进行管理，选择本院集中管理和员额法官管理的比例接近。

管理是为了提高工作效率，也是为了让法官助理更好的成长。但是目前多头的管理主体导致管理责任不明，负责组织人事的部门与负责实际工作的员额法官、庭室、审判团队负责人之间不能有机衔接，难以量化评价法官助理的政治素质、业务能力、综合表现等实际情况。一方面，员额法官、庭室、审判团队负责人对干部考核式的填表评价在干部的整体评价中占比非常低，即便其更加了解所管理的法官助理，也不能在法官助理养成初任法官的程序中起到重要的作用，尤其是遴选成为员额法官时，个人很难有较大的影响。另一方面，如果赋予日常工作管理主体的员额法官、庭室、审判团队负责人更高的评价分值权限，也难以避免出现对团队内、庭室内的法官助理过高评分的现象，不能保证绝对客观公正，这对于其他团队、庭室的人员并不公平。法院在对法官助理的管理过程中，过分注重可以量化的工作业绩，如协助办案业绩，而其他同样非常重要的政治素质、责任意识、担当精神、作风情况等却无法量化评价。如当前法院正在积极推进法官的职业化、专业化、革命化、正规化建设，其中的革命化在初任法官的养成中体现不明，导致管理失职，影响初任法官的养成效果。

第三节　初任法官的培养机制困境

一、培养制度供给不足

从法官助理养成初任法官需要进行系统的培养，但从调研结果来看，明显存在培养制度缺乏的现实困境，不能满足初任法官养成的需要。如对于“您认为您所在的法院的法官助理培养制度能够满足初任法官遴选需要吗？”的问题，79.26%的法官助理回答不能。在选择不能满足的主要原因时，五个选项“A.制度设计不合理；B.制度与具体司法实践脱节；C.制度具体实施存在问题；D.没有系统的培养制度；E.其他原因”具体统计结果如图2–12所示：

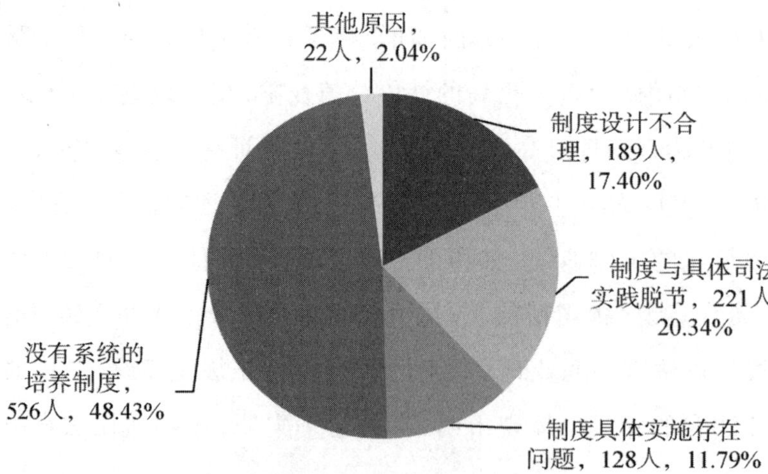

图2–12　法官助理培养制度不能满足初任法官养成原因

选择没有系统培养制度的占比高达48.43%，说明在初任法官的养成上，系统培养制度缺失是普遍、现实的问题；选择制度设计不合理的占比17.40%；选择制度与具体司法实践脱节的占比20.34%；选择制度具体实施存在问题的占比11.79%。说明即使有培养制度但在设计和实施中均存在一系列的问题，也没有发挥积极的效果。法官助理养成初任法官需要多方面能力的培养，我国多数法院仍沿袭一直以来的传统培养模式，即由法官通过传帮带的形式进行言传身教，这种模式缺乏针对法官助理的专门培训，难以满足现实养成的需要。

2022年2月，中共中央组织部、最高人民法院、最高人民检察院、司法部联合下发了《关于建立法律职业人员统一职前培训制度的指导意见》，明确了初任法官需要开展职前培训的要求。早期的助理审判员一般会按照省级法官学院的安排进行统一的初任法官培训、集中授课和单位日常的培养。但是，随着司法改革逐渐推进，原来的法官初任培训2015年已停止，系统的初任法官培训又出现长达六七年时间的断层，各个法院没有统一的制度来进行培训。没有制度的保证，就没有充足的依据、动力来开展培训。2022年虽四部门下发了指导意见，但实施细则和方案需要进一步明确，具体的组织实施工作需要进一步细化，配套制度也需要进一步建立和完善，才能逐渐满足初任法官养成的需要。

二、培养方式不合理

目前，初任法官的养成方式急需革故鼎新。现有的养成方式基本都是通过工作实际中的锻炼来培养，缺乏集中的专门培训。在受访的法院中，选择主要通过协助办案培养的占比31.48%；选择通过各种培训培养的占比29.63%；选择通过员额法官传帮带培养的占比38.89%。对于成长为一名员额法官最需要历练和提升的能力，作为当事人的法官助理对于选项“A.法律适用能力；B.事实认定能力；C.文书写作能力；D.沟通协调能力；

E.具体实践中的司法技艺能力”都给予了充分的肯定，多数受访者对上述选项都作了选择（参见图2-13）。

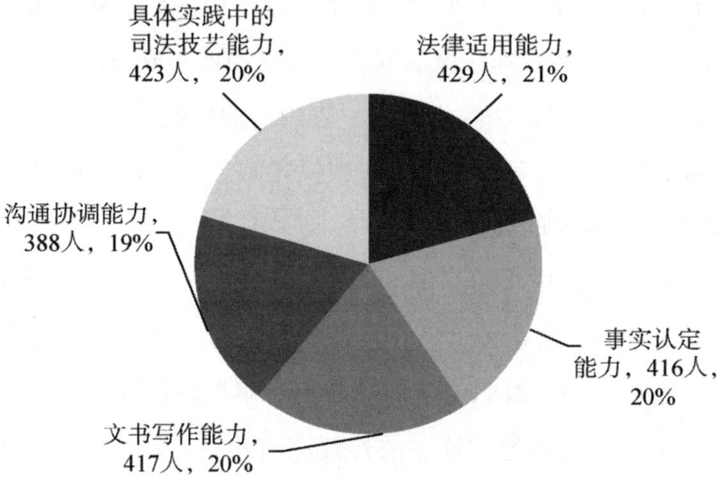

图2-13　成为员额法官需要的能力

相对于上述需要掌握的各项能力，法官助理的需求和法院实践的供给存在明显的矛盾，突出表现在专门培训不足方面。对于“本院是否有针对法官助理的专门培训”的问题，有76家法院选择无，占比高达64.95%。而在对法官助理有培训的法院中，基本是10天内的短期培训；而组织10至30天的短期培训、30至90天的中期培训、90天以上的脱产培训的法院数量为0，充分反映法官助理培训严重缺乏的现状。有培训的法院大多数是零星的、短期的培训，没有针对性、多专题的系统性培训。

究其原因，一方面，当前全国法院每年案件仍然保持较大幅度的增长，很多法院考虑实际工作的需要，如果让法官助理接受较长时间的培训，势必导致工作中人员紧张，影响法院的审判质效。另一方面，多数法院长期以来的传统都是通过传帮带的方式培养法官助理，对系统培训的重要性认识不足，重视程度不高，所以没有推动的动力。若组织系统的培训，需要相应的师资力量、场地配套、经费支出等，实施起来确有难度，尤其是基层法院更是不易。所以导致法官助理的培训方式不能够满足实际需要，难以安排较长期限的合理的脱产培训，存在培训方式不合理的问题。

《关于建立法律职业人员统一职前培训制度的指导意见》规定了培训方式分为两种：一是线下集中教学，即主要是通过脱产培训以及现场模拟诉讼等线下方式进行；二是视频教学以及借助在线学习平台等方式的线上培训学习。其中，集中教学的时间文件规定不少于1个月。对于初任法官的培养来说，集中教学的方式不少于1个月应该是符合实际需要的；但需要注意的是，上述规定的集中教学包括了线上和线下两种方式，各自的时间没有具体规定。而实践中组织培训的部门可能会因为多种考虑导致安排脱产培训的时间较少，达不到应有的效果。由于工作压力，法官助理们进行网上学习的时间很少，更多的是出于应付培训考核的需要。根据初任法官养成能力的实际要求，应该进行系统的脱产培训，脱产培训的时间应该不少于1个月，法官助理才有可能通过这样的脱产培训系统掌握成长为初任法官需要的政治理论、业务理论、司法理念、实践技能等，才不会让上述的职前培训流于形式。

三、培养内容缺乏针对性

习近平总书记明确提出干部的“五个过硬”要求，即信念过硬、政治过硬、责任过硬、能力过硬、作风过硬。总书记在法院队伍建设方面也提出革命化、职业化、专业化、正规化的要求。但目前对于初任法官的培养，对照上述要求，明显存在缺乏针对性的弊端。

信念过硬和责任过硬，体现在当前初任法官培养的培训中，一般通过政治理论的学习，很少有专业的培养理想信念和责任的课程和方法教学。

对于初任法官理想信念和意志责任的塑造，可以通过观看中国共产党党史教育片、学习英雄事迹等多种形式进行长期的强化，在初任法官的养成培训中不应该缺席，但在实践中却鲜有安排。政治理论的学习培训内容俱全，但是存在形式化的问题，导致针对性不强，难以深入人心，更多的是应付培训考核，检查检验缺位或低效。应增加多方面考试内容，以检验学员的实际学习效果。

作风过硬对于初任法官非常重要，工作作风体现了一个人的工作态度，其对待工作的耐心、细致程度以及接待当事人的态度，接听电话的语气等，会从多个方面影响案件的处理效果。不少信访的当事人由于法官接听电话、接待时态度差，待人待物方式方法不对而引起事件升级。纪律作风过硬更是一个初任法官的刚需，法官行使裁判权，必须明辨是非、公平公正，如果纪律作风有问题，贪腐腐败、收受贿赂，会出现办“关系案”“金钱案”“人情案”等各种问题。但是作风培训的内容在培养中缺位，浮于表面的培训方式难以起到真正的作用。

能力培养也存在针对性不足的问题。调研组通过对部分审委会委员的访谈，发现审委会委员反映最多的就是部分主审法官在汇报案件时思路不清，找不到裁判的方法，不能准确区分事实问题还是法律适用问题。部分员额法官也认为，初任法官最重要的是要有清晰的裁判思路，掌握基本的裁判方法。但是，在对法官助理裁判思路、裁判方法的培养上很少设置专门的课程去教学；有裁判方法的授课内容大多缺乏系统化讲解，如民事案件基本的法律关系分析法、请求权分析法、要件裁判法等，如何高效入手处理一个案件，怎样应对疑难复杂的案件等。法官专业化建设的要求就是初任法官要具备专业的能力即裁判的能力，其最基本的也是能够熟练掌握裁判的方法。

四、分阶段培养难以落实

法官助理的培养方式分为初阶、中阶、高阶三个阶段，应该是实践中认为较为科学的模式，司法能力的培养和司法技艺的习得是一个循序渐进的过程。刚进入法院的法官助理需要学习和熟悉送达、庭审程序、开庭记录、卷宗装订等工作。在熟练掌握后应该是一个提升的阶段，学习草拟法律文书，调解简单的案件，查找资料，对部分案件的处理提出方案和依据，为员额法官办理案件提供帮助。最后应该是培优阶段，注重审判能力的全面提升，打牢基础，熟练掌握审判能力，具备一名初任法官应该具有的能力。但是，调研组通过调查问卷发现，法官进行分阶段的培养有所缺失，108家法院中仅有36家法院开展了法官助理分阶段培养，占比33.33%；72家没有开展，占比66.67%。

但是，调研组通过实地访谈和电话走访等方式发现，有部分法院在分阶段培养方面做得比较好。例如，江苏省高级人民法院下发了《江苏省高级人民法院关于开展法官助理分阶培养改革试点工作的通知》，在全省开展法官助理分阶段培养试点改革，13家法院分别开展了试点工作。2021年4月，镇江市中级人民法院印发《镇江市中级人民法院法官助理分阶培养实施细则（试行）》的通知》，在全院开展法官助理分阶段培养试点工作，立足基础、提升、培优阶段性特点，以业务能力及职业素养提升为着力点，确立科学“择优进阶”机制，着力提升法官后备队伍的整体实力。在实现路径上，一是实施科学考察，建立“总体有阶梯，个体有差异”的择优进阶模式，选拔出符合晋级条件的优秀法官助理。围绕初、中、高三阶段的培养目标和工作职责，分别设置不同的选才内容和考评周期。将协助办案、审执业务、党建、宣传、信息、调研、案例编报等方面工作业绩情况作为综合评定、转段升级的重要依据。初、中阶段以年度为周期，统计法官助理日常工作开展情况，适时提升其助理级别；高级阶段注重采集协助办案的质效，准确评估其业务能力，随时准备为独立办案、入额做准备。二是坚持分阶段育才。按照对法律事务从实习到熟悉再到熟练的特点，构建学习培训、业务指导和实践锻炼三位一体的培养体系。实行初任培训两年制，对于刚进入法院工作零经验的法官助理，注重程序意识培养，要求其从最基础的送达、庭审记录、归档等书记员岗位工作做起，逐渐熟练掌握程序性司法事务技能，提升助理事务性能力。实行中阶培训不定期制，注重细节意识培养，进行普适性规范和基础性审判技能等更高层次司法能力训练，提升助理实践能力。实行高阶选拔培养制，注重综合意识培养，进行灵活、高阶、全面的审判技能训练，协助法官完成除开庭、合议、法律文书的审核签发以外的其他事项。三是推进传帮带学。实行法官助理两个“1+1”帮带联系制度，为每位助理指定一位资深法官担任帮教老师，指导审判活动，检查办案质量，解答疑难问题，帮助提升审判经验、审判技巧和审判方法。建立党组成员、院领导联系法官助理制度，联系领导每季度找法官助理谈心谈话不少于一次。在机制保障上，建立动态跟踪机制、双向评估机制、人岗匹配机制。

又如，江苏省苏州市姑苏区人民法院也进行了法官助理三阶段培养，按照基础阶段、提升阶段、培优阶段设计了三个阶段，制定了《关于夯实青年成才根基、助推法官助理成长、建立科学业绩评价机制的实施意见》。设立基础阶段为两年，对于刚进入法院的干警从基础学起，从送达、庭审记录等书记员工作开始，为后期工作打牢基础。提升阶段注重对审判辅助工作能力的培养，该阶段为一至两年，法官助理可以从事主持调解、召开庭前会议、主持证据交换、草拟法律文书等工作。第三阶段是培优阶段，该阶段一般为两年及以上，着重培养法官助理准法官的工作能力，即具有全面、较高的审判能力，能够系统、完整地协助员额法官办理部分案件。建立法官助理评价体系，健全季度、半年、全年业绩档案，采取“科学分类、重点突出”的正负向相结合评价模式，促进法官助理成长。2015年至2020年，共有15名法官助理被遴选为员额法官。

再如，江苏省南通市崇川区法院制定“择优定阶，分段培养”工作方案，设定初级、中级、高级三个培养阶段，按照个人报名、业绩考核、党组研究等程序确定法官助理培养阶段，每个阶段再划分三个等次，最终形成“三阶九等”的阶梯层次。明确初级阶段法官助理的程序性事务能力，中级阶段的锻炼性辅助能力，高级阶段的准法官工作能力。清江浦区法院搭建权责明晰的分段阶梯，制定出台工作方案，将法官助理按照法官助手、限权法官、后备法官三个阶段划分岗位责任，并进行定阶培养。

由此可见，江苏部分法院在法官助理的分阶段培养上进行了有益的探索，建立了相应制度，对于法官助理养成初任法官具有一定的推动作用，但也存在制度设计上较为原则、针对性不强、专业培训缺乏等弊端。

第四节　初任法官养成的功能定位困境

一、制度功能定位模糊

初任法官养成制度的定位应是推进实现法官职业化，但是无论是近年来的理论研究还是司法实践，该制度定位仍然非常模糊。法官职业化必然要求法官群体实现精英化，这意味着法官数量的减少是应有之义。而在案件数量日益增多的现实面前，加大对法官工作的分流分担则成为必然。推行法官助理制度可对法官和法官工作实现双重分流，打破法官职业化道路上的瓶颈。法官的职业化要求法官从繁重琐碎的事务性工作中脱离出来，专心于案件的审判工作，并通过理论学习和研究不断提高自身业务素质能力。传统的“审判员加书记员”模式不能够满足此种要求，而法官助理制度的设立则有效解决了上述难题，与分工精细、层次清晰、职责明确的现代化人事管理制度要求相符合。在法院人员分类管理，实行员额制度的情况下，法官助理的设立和有效运行是法官职业化改革目的实现的重要保障。

法官队伍职业化和精英化要求法官具有深厚的法学功底、丰富的审判经验和广泛的社会阅历。由于历史和制度的因素，司法改革前的法官主要是从法院新招录的公务员中来。法院面临“案多人少”的压力，很多缺乏工作经验和社会阅历的大学毕业生在法院工作短短几年就被任命为法官办理案件，因此出现了“娃娃法官”现象。通过初任法官养成制度的设置，法官助理为培养法官后备人才提供了源泉，法官助理经过长期的锻炼，一方面可提高法学素养和业务能力，另一方面可增强社会经验和事务处理能力，为成长为优秀法官奠定坚实基础，也打通了法官进入和上升的渠道，有利于形成法官人才的阶梯式上升机制。

通过对法官助理的培养，形成法官助理养成初任法官的途径，有效推进法官的职业化建设，这是初任法官养成的基本制度定位，但遗憾的是，截至目前，最高人民法院的相关规定及各种表述中，均没有明确该制度定位。

二、职责定位不清

最高人民法院在《关于进一步加强人民法院法官助理管理工作的意见》中虽然将法官助理的职责规定为在法官指导下履行12项职责，但是，由于各个法院在具体的司法实践中做法不一，仍然存在法官助理职责定位不清、身份关系模糊等诸多问题，导致法官助理从事的工作职责多样。

例如，对于“在司法实践中法官助理承担的工作”的问题，员额法官回答结果如表2-1所示：

表2-1　法官助理承担工作员额法官调查结果

A	审查诉讼材料，提出诉讼争执要点，归纳、摘录证据	521人
B	确定举证期限，组织庭前证据交换	938人
C	代表法官主持庭前调解，达成调解协议的，须经法官审核确认	1524人
D	办理指定辩护人或者指定法定代理人的有关事宜	2007人
E	接待、安排案件当事人、诉讼代理人、辩护人的来访和阅卷等事宜	1986人
F	依法调查、收集、核对有关证据	2170人
G	办理委托鉴定、评估、审计等事宜	773人
H	协助法官采取诉讼保全措施	1332人
I	准备与案件审理相关的参考资料	595人
J	按照法官要求，草拟法律文书	1232人
K	办理排定开庭日期等案件管理的有关事务	605人
L	完成法官交办的其他与审判业务相关的辅助性工作	2207人
M	庭审记录	698人
N	整理、装订、归档卷宗	1526人
O	其他	281人

通过表2-1可以看出，除了最高人民法院规定的12项工作，选择庭审记录的698人，整理卷宗、装订卷宗、归档卷宗的高达1526人，其他的有281人，说明法官助理除了法定职责，还承担了部分属于书记员职责范围的大量工作，与书记员的职责存在区分不清、界限模糊的问题。而对于法官助理是否能够草拟法律文书，实务界也存在不同的看法和做法。由法官助理草拟文书是否会造成对案件的不当干涉及影响裁判文书质量，且若所有的法律文书都由法官助理来草拟，法官是否会出现依赖性及能力下降的问题。但是，若法官助理不能草拟裁判文书，则大量简单、重复的案件会占用法官的时间，也不利于法官助理能力的锻炼和提高。

对于“您认为法官助理与书记员是否存在职责不清的情况”的问题，员额法官选择存在的有891人，占比35.30%；选择不存在的有1633人，占比64.70%。而对于“您认为法官助理与书记员职责划分不清的主要原因是什么”的问题，员额法官回答结果如图2-14所示：

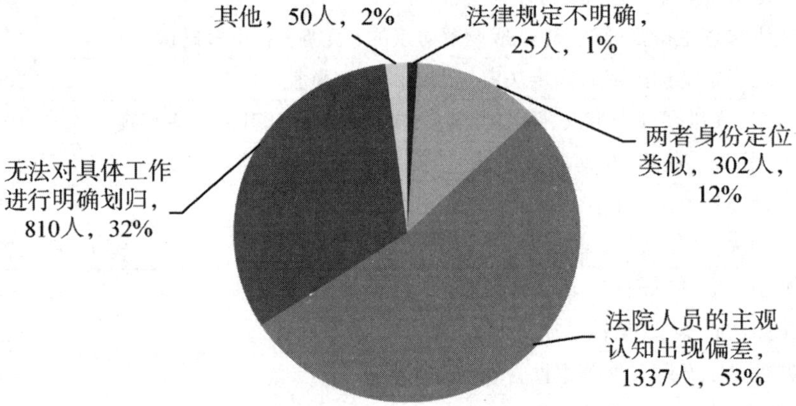

图2-14　员额法官对法官助理与书记员职责不清原因的访谈结果

调研结果说明，实践中法官助理与书记员职责不清最主要的原因是法官和法官助理的主观认知出现偏差，也就是对于法官助理和书记员的职责规定不清楚，界限不明确，这和选择法律规定不明确的选项仅占比0.99%相吻合，表明法律规定的职责相对明确，但实践操作存在问题，大家对两者的职责都不甚清晰，导致实践混乱。选择无法对具体工作进行明确划归的占比高达32.09%，从另一个方面说明主观认知的偏差问题。即因为认知出现偏差，所以认为具体工作无法进行明确划分。

关于法官助理应否出庭的问题，当前很多试点法院采取法官助理出庭的方式，法官助理和书记员并排坐在一起。如果法官助理不出庭，则在提供裁判思路、草拟法律文书时会对案情不熟悉，也违反庭审亲历性原则，很难对案情有准确的把握。因为庭审是一个很复杂的过程，不仅是依靠证据，当事人的陈述、表情、裁判应对等方面都很重要，不出庭很难胜任相关的工作。但法官助理逢庭必出又会增加工作负担，而且造成合议庭、法官助理、书记员多人处理一个案件的资源浪费。同时，开庭时法官负责庭审，书记员负责记录，法官助理则无分工，庭审时倍显尴尬，其出庭的必要性和意义受到怀疑。对于调查问卷“本院法官助理协助员额法官办案是否出庭”的问题，回答出庭和不出庭的分别为84家法院和24家法院，占比分别为77.78%和22.28%。

对于法官助理协助员额法官办案是否署名的问题，支持者认为法官助理在裁判文书上署名可以增加其职业尊荣感，也有利于追责。〔1〕反对者认为，法官助理既不是案件的责任人，也不是裁判文书的责任主体，署名没有必要。之前的争议较多，现在通行的做法是署名，在问卷调查中，对于法官助理是否署名的问题，所有的法院都回答署名。

三、身份关系不明

在法官助理的身份关系上，目前也存在定位模糊的问题。对于“您认为法官助理与书记员之间的关系是什么”的问题，选择“两者都是员额法官的助手，都接受员额法官指导，职责分工不同，工作协作配合”的法官助理有1265人，占比68.97%；选择“书记员是法官助理的助手，主要在法官助理指导下开展工作”的有569个，占比31.03%。表明即便都是法官助理，在法官助理与书记员的关系上看法也不同，仍然有近1/3的法官助理认为书记员是法官助理的助手，并不是法官的助手，这与法律的职责规定和定位具有明显的差异。

〔1〕 胡蝶飞：《市二中院就法官助理履职问题制订“暂行规定”　法官助理裁判文书上署名担相应责任》，载《上海法制报》2014年10月15日，第4版。

在对法官助理的调查问卷中，对于“您认为员额法官与法官助理之间的关系是”的问题，选择“员额法官与法官助理之间职责不同，关系平等”的有1540人，占比达83.97%，但是仍然有16.03%的人认为“法官助理是员额法官的助手、助理，员额法官具有主导地位，法官助理具有从属地位，在员额法官的指导下开展工作”，并认同上述第一个的选项。

四、司法运行功能不准

在初任法官养成的过程中，对于法官助理在司法运行功能方面也没有准确的定位。法官在行使审判权的过程中，仍然存在着相当数量的事务性工作，如主持调解、安排开庭、起草法律文书等，需要法官倾注大量的时间和精力，对审判效率的影响是显而易见的。在初任法官养成过程中，案件的前期准备工作主要由法官助理完成，当事人不与法官直接接触。法官也接触不到证据，避免形成先入为主的印象，而从事庭前准备工作的法官助理不负责审判事务，有利于维护司法公正。法官助理的工作在程序和实体处理上都对法官行使司法权形成了一定程度的制约，促使法官更加公正裁判，最终的目的是提高审判的质量和效率。

从司法运行的角度准确定位法官助理的功能是提升审判质效，在初任法官养成的过程中才能够有针对性地进行配置和培养。即在基础阶段培养法官助理基础能力的同时，让其从事大量的审判事务性工作，让员额法官专心从事审判核心工作，促进审判质效提升。在中、高级阶段，让法官助理进行部分草拟法律文书等审判核心工作，一方面锻炼其裁判思维、文书写作能力，另一方面为员额法官节约大量的时间精力可以去处理更多的案件，最终也促进审判质效的提升。

第五节　法官助理的考核困境

一、考核方案不系统

在人力资源管理中，考核管理是最为重要的环节，对于法院的法官助理来说，考核管理也是他们最为看重的方面，工作业绩表现最后主要是体现在考核评价的结果上，考核的科学性、合理性、公平性对于考核结果的可接受性具有重要的意义。考核的方式、评价的标准、考核项目的分值占比等都会影响考核结果，相当多的法官助理对于考核结果极为看重。对于"本院对法官助理是否有系统完整的考核方案"问题，绝大多数法院有相应的考核方案（参见图2-15）。

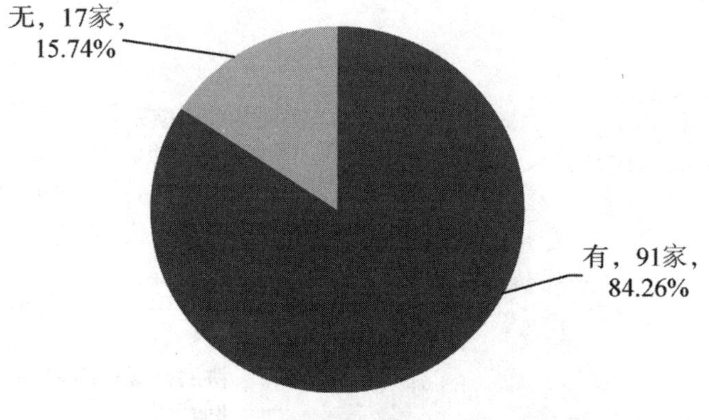

图2-15　法官助理是否有系统考核方案

有将近1/5的法院没有系统的考核方案，对于法官助理的管理存在问题。即便回答有考核方案的法院，对于法官助理的考核也不一定符合系统规范的要求，因为法官助理的考核涉及多个方面，不仅是工作业绩的考核，还涉及政治素质、业务能力、调研能力、纪律作风等多方面，但是现在的考核主要是工作业绩考核，不够全面。同时，作为初任法官的养成对象，对于专业化能力包括庭审驾驭能力、裁判文书撰写能力等都有更高的要求。

二、考核方式多样化

对于法院对法官助理的考核方式的调研共设计了三个选项，其中选择“协助办案业绩”的有6家法院，占比5.56%；选择“协助办案业绩+员额法官或者所在团队、部门评价”的有85家法院，占比78.70%；选择“协助办案业绩+从事的其他工作评价”的有17家法院，占比15.74%。通过调研发现，法官助理协助办案业绩是最重要的考核内容，有部分法院考核的内容只有这一项，充分说明对于法官助理协助办案业绩的重视。而选择“协助办案业绩+员额法官或者所在团队、部门评价”的占比高达78.70%，表明目前实践中，对于法官助理的考核，所在部门、团队的评价具有重要的影响（参见图2-16）。

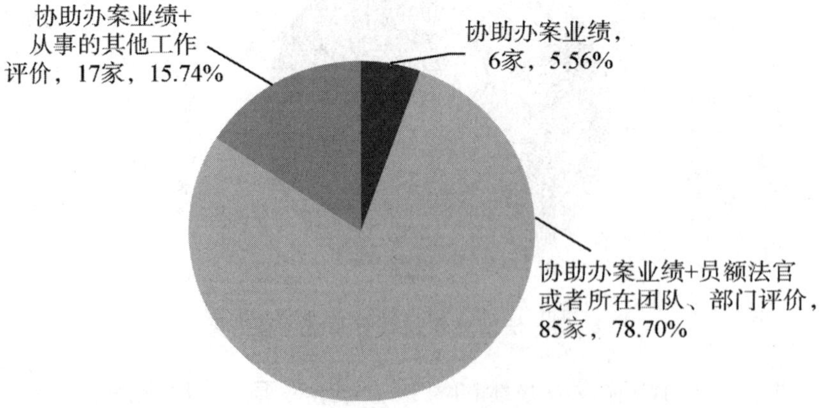

图2-16　样本法院法官助理考核方式

作为直接的管理者、同事对于法官助理的表现最为熟悉，对于其工作能力、工作态度、工作责任等有着直接的认识，也最有发言权，对于各种数据的掌握也较为准确，对于法官助理的工作是否满意有直观的感受，选项结果也体现了上述关系。部分法官助理也从事其他综合工作，如立案、宣传报道、文明创建、平安建设、材料撰写、信息报送、信访接待等，应该对此也有相应的评价。

三、考核内容差异化

在具体的考核内容方面，各个法院有不同的侧重点。对于“本院对法官助理协助办案业绩的考核主要内容”的问题，选择“案件数量、结案率、案件质量、案件效果、案件效率等审判质效指标”的有85家法院，占比最高，达43.81%。说明对于法官助理来说，参与办案的业绩主要体现在审判质效指标上，也是最重要的考核内容。选择“承担的草拟文书数量、参与庭审数等可量化的审判事务数量”的有45家法院，占比23.20%。表明相当一部分法院的法官助理在协助办案上，通过可量化承担的草拟文书量等工作来体现。选择“政治素质、业务能力、综合能力等综合评价”的有64家法院，占比32.99%。表明对于法官助理的评价，政治素质、业务能力、综合能力是非常重要的考核内容。调查问卷的对象是108家法院，三者选项合计是194家，说明部分法院对于法官助理的考核内容多样，有的法院对于三个选项内容都予以考核。

四、考核标准不科学

对于考核标准是否科学的问题，法官助理选择考核标准很科学的110人，占比仅6%，表明仅有很少一部分法官助理认可所在法院的考核标准。选择“考核标准还有许多需要完善的地方”的有1596人，占比高达87%，表明大多数法官助理对于所在法院的考核标准不甚满意。选择“没有法官助理考核标准”的有128人，占比7%（参见图2-17）。

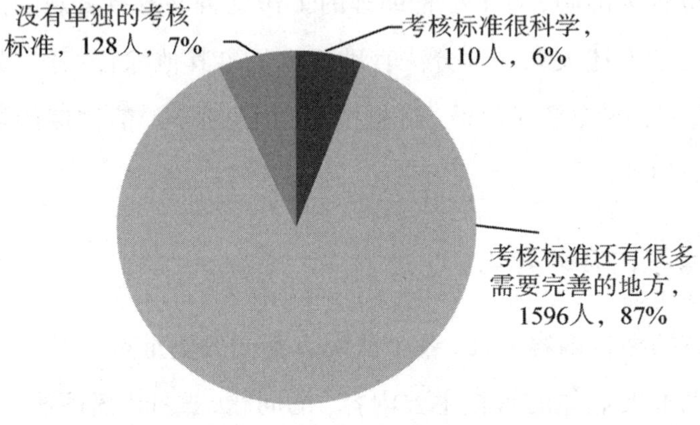

图2-17　法官助理对考核标准是否科学回答结果

对于法官助理考核的标准是否合理的问题，员额法官的调查结果也可以反映一定的问题。员额法官选择合理的883人，占比34.98%；选择不合理的1641人，占比高达65.02%，多数法官认为所在法院对于法官助理的考核不合理，此与法官助理的调查问卷结果趋势一致。作为当事人的法官助理和对于法官助理考核最有发言权的员额法官大多认为考核存在不合理、不科学的地方，反映出实践中亟须对法官助理的考核予以进一步完善。对于“您认为可以从哪些方面完善我国法官助理机制”的问题，员额法官中选择“健全单独考核标准和奖惩机制”的有1144人，占比45.32%；法官助理中选择该项的有866人，占比47.22%。这从另外一个方面也体现了考核标准需要健全的需求。

五、考核结果运用不理想

对于法官助理的考核，考核结果的运用非常重要。通过对考核结果的合理运用，对于法官助理个人来说，不仅能够激发其工作积极性，形成明确的导向作用，而且能够通过正确的积极评价给予其相应的成长待遇，促进其快速成长。对于单位来说，正确的考核结果运用可以在全单位形成良好的示范效应，能够让年轻人有努力发展的方向和目标，让真正有能力的人脱颖而出，有利于单位的长远发展。无论是从短期、中期、长期来看，考核结果的正确运用都对单位的工作能够起到积极的促进作用。

但是，目前对于初任法官养成对象的法官助理来说，存在考核结果运用不理想的问题。如前所述，相当一部分的法院对于法官助理没有科学系统的考核方案，结果运用更无从谈起。有的法院在法官助理成长为初任法官最为重要的环节即员额法官遴选时，遴选方案不合理，或者遴选缺乏整体把握，导致考核结果没有得到正确运用，出现遴选法官最后主要靠考试成绩的不合理现象。考试成绩对于遴选法官固然重要，但应该只占一定的比重，更重要的是通过考核结果体现出来的综合能力，这才是初任法官养成的正确路径。

如对于“本院对法官助理的考核结果是（　　）的主要依据”的问题，选择“评先评优”的有92家法院，占比44.44%；选择“员额遴选”的有45家法院，占比21.74%；选择“职级晋升”的有70家法院，占比33.82%。

考核结果的运用应该贯穿法官助理成长的整个过程。首先是工作业绩的体现，通过工作业绩在年终绩效奖金的发放上肯定其价值，鼓励其进一步提升工作效能。其次，应该是通过考核业绩的运用，推动实现法官助理的个人发展，在职务职级晋升、员额法官遴选、评先评优时能够发挥积极的作用。但是很多法院目前没有能够正确运用法官助理的考核结果。

第六节　初任法官养成的职业保障困境

一、法官助理晋升通道狭窄

法官助理普遍在职业前景上具有明显的期待，在对问题“您想入额的意愿”回答上，法官助理选择“非常强烈”的1559人，占比高达到85%，说明绝大部分法官助理非常希望能够成为员额法官。选择“比较强烈”的110人，占比6%；选择“不强烈”的有165人，占比9%（参见图2–18），说明不想进入员额的仅有一小部分。但是同法官助理想进入员额的强烈意愿相比，法官助理晋升员额的通道却很狭窄，根据核定的编制39%的员额限制，在前期司法改革后法官员额已满情况下，后期法官助理若想进入员额非常困难，只有等到员额法官退休、离职、主动退出员额等才能空出较少的名额。而法官助理的数量远大于空出的名额，导致法官助理入额非常困难，影响法官助理的发展。

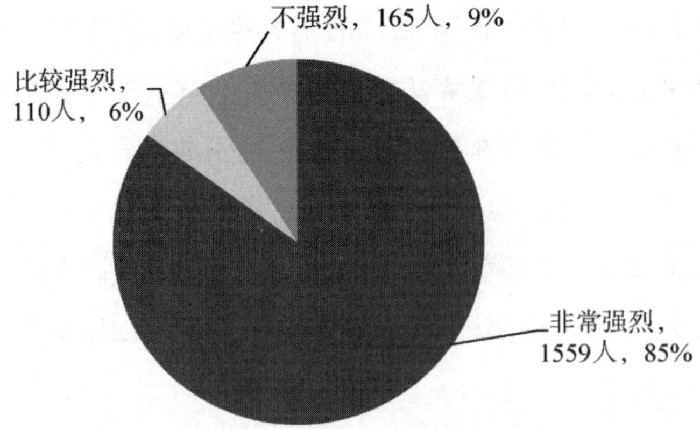

图2–18　法官助理进入员额意愿调研结果

在对于问题“您认为法官助理的晋升通道畅通吗”的回答中，法官助理选择“畅通”的有349人，占比仅19.03%；而有1485人选择了“不畅通”，占比高达80.97%，充分说明目前法官助理的职业期待和现实的矛盾。

二、法官助理职业期许低迷

关于问题“近5年内，您对自己工作的规划是”的回答中，选择继续等待入额机会的1688人，占比高达92.04%；选择向本单位行政岗转化的110人，占比6.00%；选择调任其他单位的36人，占比1.96%；没有人选择辞去公职，转行律师等法律服务职业，表明法官助理在晋升通道狭窄的情况下，仍然在继续等待进入员额的机会，小部分人考虑转岗（参见图2-19）。虽然选择调任其他单位的占比仅有1.96%，但仍然需要引起重视，这表明在职业理想难以实现的情况下，部分人会选择离开法院，造成法院人才的流失。

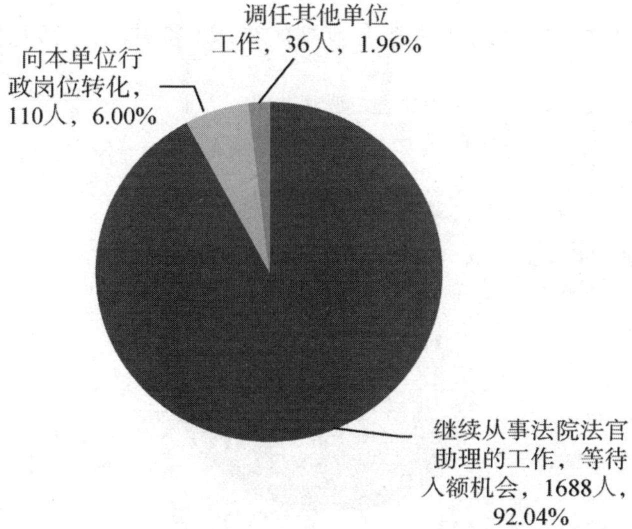

图2-19　法官助理5年工作规划调研结果

三、薪酬待遇不高

通过对法官助理想入额的原因进行调研，有726人选择是因为自己的职业目标和发展方向，977人选择了自己的法律情怀，说明大多数法官助理将成为员额法官作为自己的职业目标。在实现自己职业目标的基础上能够提升薪酬待遇则是更为理想的结果，有630人选择了此项答案。

法官助理对于薪酬待遇提高的要求也是绝大多数公务员的合理要求，亦系对职业保障的现实要求，倘若职业保障不能得到有效落实，势必会影响工作的动力和工作效果。

在问题“您认为当前本院法官助理的薪酬与员额法官相比是否合理”的回答上，法官助理中选择“合理”的有605人，占比33%，表明有1/3的人对于当前的薪酬待遇较为满意。选择“不合理，法官助理偏高”的仅有36人，占比2%；选择“不合理，法官助理偏低”的有1192人，占比65%，表明多数法官助理对于提升薪酬待遇有较高的需求（参见图2–20）。

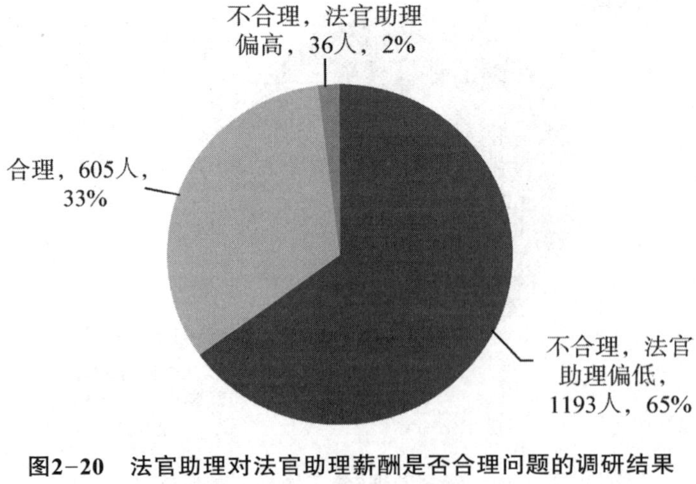

图2–20　法官助理对法官助理薪酬是否合理问题的调研结果

对于同样的问题，员额法官选择“合理”的有228人，占比9.03%，相较法官助理的回答反而比例更低；有2271人选择了“不合理，法官助理偏低”，占比高达89.98%，表明绝大多数的员额法官认为法官薪酬待遇应该再提高；认为法官助理偏高的25人，占比仅0.99%，持该观点的人较少（参见图2-21）。

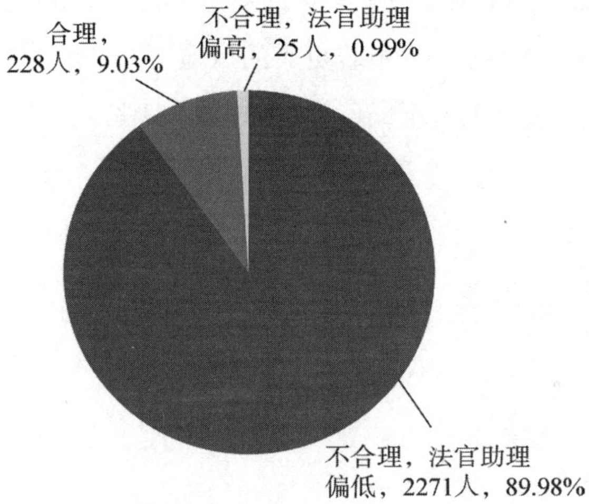

图2-21　员额法官对法官助理薪酬是否合理问题的调研结果

四、职业保障不强

对于“您认为目前本院对法官助理的职业保障是否良好”的问题，员额法官中选择“是”的有984人，选择“否”的有1540人，更多的员额法官认为法官助理的职业保障需要加强。

职业保障的范围较为宽阔，除了工资薪酬和发展前景，个人的健康和安全保障同样重要。由于案件的巨大压力，很多法官助理超负荷工作，健康问题不容忽视。有的法官助理由于工作压力、职业发展、情感困扰等原因，导致出现心理问题，产生抑郁等，需要完善的职业保障。

作为法官助理职业保障的重要方面，安全问题更是不容忽视。当事人或旁听群众无视法庭纪律，辱骂、殴打司法工作人员和诉讼参与人，扰乱法庭秩序的情况时有发生。近年来，更发生多起法官或者法官助理受伤害的事件，如周冬梅法官。在对法官和法官助理的访谈中发现，曾受到诉讼参与人和其他社会公众通过电话或当面进行言词责难、恐吓、辱骂直至进行人身伤害的法官占了大多数。法官助理作为辅助事务承担者、协助办案者，更多地与当事人接触，承担着更大的风险，应该进一步加强相应的保障，基本杜绝伤害事件的发生，让法官助理健康成长。

第三章　我国初任法官养成困境原因分析

2018年10月，《人民法院组织法》以法律形式明确了法官助理的职责及职业发展路线。[1]2019年4月，《法官法》进一步明确了法官助理的定位——法官人才储备。[2]随着法官员额制和选任制改革取消了助理审判员，法官助理需要从原先的预备“助理审判员”一步到位地成长为员额法官。与此同时，预备法官培训项目2016年起停止。改革形势全面发力，如何承接发展新方向？如何实现发展新突破？如何打破初任法官养成困局？找准症结尤为重要。

第一节　宏观层面原因分析

一、初任法官养成在改革脉络中的制度供给时滞

制度是对过去变量的反映，因而从制度需求产生到制度供给形成存

〔1〕《人民法院组织法》第48条规定：人民法院的法官助理在法官指导下负责审查案件材料、草拟法律文书等审判辅助事务。符合法官任职条件的法官助理，经遴选后可以按照法官任免程序任命为法官。

〔2〕《法官法》第67条规定：人民法院的法官助理在法官指导下负责审查案件材料、草拟法律文书等审判辅助事务。人民法院应当加强法官助理队伍建设，为法官遴选储备人才。

在时滞。改革后法官助理的核心职责是从事审判辅助性工作,[1]真正“让司法人员集中精力尽好责、办好案”。[2]因此,法官助理制度建设相较员额制改革具有强烈的依附性和次生性。纵观二十多年的改革进程,可以把法官助理改革分为两个阶段,第一个阶段是一五改革到四五改革时期。一五改革时期,“法官助理”是对法官定编的产物。[3]二五改革时期,“法官员额”这一概念被提出,此后法官助理制度建设依附于员额制改革起伏波动。

法官助理因其制度依附性及改革次生性等原因,具体职能虽在限缩和再次扩张中几经演变,但岗位描述的核心始终围绕负责“审判辅助事务”,履职过程“在法官指导下”,对法律素养有一定需求,但工作多属程序性事务,不涉及行使审判核心事务——判断权。[4]但正如恩格斯在《自然辩证法》中所述,“由矛盾引起的发展或否定的否定——发展的螺旋形式”,改革进程也不例外。最高人民法院二五改革纲要对“取消助理审判员”并未提及,导致一些试点法院将之前任命的法官助理又重新任命为助理审判员,改革再次回到原点。2008 年之后,法官助理试点工作逐渐放缓并趋于停滞。在近二十年的改革历程中,法官助理的养成问题并未受到过多的关注(参见表3-1)。

---

〔1〕 参见《人民法院组织法》第48、49条,《最高人民法院关于完善人民法院司法责任制的若干意见》第19、20条。

〔2〕 习近平:《全面深入做好新时代政法各项工作　促进社会公平正义保障人民安居乐业》,载《人民日报》2019年1月17日,第1版。

〔3〕《关于〈人民法院五年改革纲要〉的说明》中指出,“要通过对法官的定编,将具有较高素质,真正符合条件的审判人员确定为法官,对于不符合条件的人员,只能做其他工作,如作为法官助理,协助法官进行工作”。载最高人民法院网,http://gongbao.court.gov.cn/Details/2557d0b4c78959398ac5df959537f9.html。

〔4〕 2004年试点期规定最为详细,细分为12项。2007年推广期简化为6项。2015年重塑期再次增至7项,但相比前两次,职能更倾向于审判辅助业务,增加了草拟调解文书、研究案件涉及的相关法律问题等内容。不过,考虑理论界和实务界对法官助理行使审判权的诟病,2007年和2015年的文件将2004年规定的“代表法官主持庭前调解”分别修改为“协助法官进行调解”和“协助法官组织庭前调解”,进一步消除了法官助理“行使审判核心事务”的疑虑,将法官助理与助理审判员、候补法官等严格区分开来。

表3-1　法官助理职能演变

文件	《最高人民法院关于在部分地方人民法院开展法官助理试点工作的意见》	《最高人民法院关于在西部地区部分基层人民法院开展法官助理制度试点、缓解法官短缺问题的意见》	《最高人民法院关于完善人民法院司法责任制的若干意见》
时间	2004年	2007年	2015年
功能定位	协助法官从事审判业务的辅助人员	作为法官的助手，帮助法官分担部分审判辅助职能	未明确
团队模式	法官—法官助理—书记员	法官—法官助理—书记员	1名法官与法官助理、书记员以及其他必要的辅助人员
法官助理具体职能	1.审查诉讼材料，提出诉讼争执要点，归纳、摘录证据；2.确定举证期限，组织庭前证据交换；3.代表法官主持庭前调解，达成调解协议的，须经法官审核确认；4.办理指定辩护人或者指定法定代理人的有关事宜；5.接待、安排案件当事人、诉讼代理人、辩护人的来访和阅卷等事宜；6.依法调查、收集核对有关证据；7.办理委托鉴定、评估、审计等事宜；8.协助法官采取诉讼保全措施；9.准备与案件审理相关的参考资料；10.按照法官要求，草拟法律文书；11.办理排定开庭日期等案件管理的有关事务；12.完成法官交办的其他与审判业务相关的辅助性工作	1.审查诉讼材料；2.组织庭前证据交换；3.接待案件诉讼参与人；4.准备与案件审理相关的参考资料；5.协助法官进行调解；6.草拟法律文书等职责	1.审查诉讼材料，协助法官组织庭前证据交换；2.协助法官组织庭前调解，草拟调解文书；3.受法官委托或者协助法官依法办理财产保全和证据保全措施等；4.受法官指派，办理委托鉴定、评估等工作；5.根据法官的要求，准备与案件审理相关的参考资料，研究案件涉及的相关法律问题；6.在法官的指导下草拟裁判文书；7.完成法官交办的其他审辅助性工作

2014年，第四轮司法体制改革启动。随着法官员额制改革不断深化，法官助理制度再次开启并全面铺开。虽然法官数量精简，但立案登记制及经济下行带来的案件数量增幅不减。因此，为缓解人案矛盾，切实减轻法

官事务性负担，让司法人员集中精力尽好责、办好案，各地法院对法官助理的需求量不断攀升。受编制数量及法官助理存量难以消化[1]等因素限制，向外借力，购买社会服务成为实践中阻力最小的方向，亦符合当时的改革要求，[2]聘用制法官助理就应时而生。至此，法官助理分裂成内生型与外聘型两大类。[3]同时，人民法院四五改革纲要还明确了政法编法官助理“晋级”成为员额法官的完成流程。至此，全国各地法院不得不对法官助理在“审判辅助”基础功能外的员额法官“蓄水池”体制性功能予以正视。

实行法官员额制的目的是推进法官职业化，通过规范的制度选拔保障法官的质量，剥离其工作中行政事务，使其专注于业务能力升级，达到成为法官应具备的素质与能力。通过业务能力、综合素质的筛选考核及具有专业保障的上岗要求，建设一支明显具有精英性质的法官队伍。从本质上讲，员额制改革是过渡性质的，也是“一次性”的，会随着改革前法官选拔、分流而结束。[4]初任法官培养在制度上缺失，没有形成体系、专业、多元的培训课程和实践任务，难以完成改革背景下初任法官培养目标，现有的法官助理培训显然在全面化、系统化培养上是心有余而力不足的。

---

〔1〕 随着审判辅助人员单独序列构建，法院作为司法机关鲜与其他行政机关发生人员交流，法官员额总数相对稳定，未入额的“原法官”库存与新招录人员堆积，实践中法官助理存量难以消化。

〔2〕 人民法院四五改革纲要第 48 条提出“拓宽审判辅助人员的来源渠道，探索以购买社会化服务的方式，优化审判辅助人员结构”的改革要求，此后《最高人民法院关于进一步全面落实司法责任制的实施意见》第 21 条再次提出要“多渠道拓宽法官助理来源”。

〔3〕 目前，法官助理主要由未入额的法官、法院招录或者聘用的法官助理以及实习法官助理组成。其中转任的法官助理（法官型法官助理）是员额制改革过渡期的产物。聘用制法官助理以及实习法官助理，根据《法官法》及司法政策文件规定，不能参加遴选考试成为法官，前述三类法官助理本书均不作探讨。本书探讨的法官助理是指有政法编制，高校院校法学专业本科以上学历，一般不具有审判经验的法官助理。这部分法官助理将是当前法官的主要来源，也是法院培训的重点对象之一。

〔4〕 以四川省为例，从2016年正式推行员额制改革，启动第一轮法官遴选程序后，截至2018年12月，省高院经三次遴选考试后，2019年报名参考法官遴选的未入额法官仅1人，四川省成都市中院2019年报名参加遴选考试的3人，成都市22个基层法院法官分流工作基本完成，基层法院“老”法官入额问题被遴选“新”法官问题所取代，也即员额制后法官人才队伍建设的重心已转移至初任法官培养和选拔上来。

究其原因，法官助理制度作为四五改革纲要“推动法院人员分类管理制度改革”的重要成果，其性质、定位、职责在新修订的《人民法院组织法》和《法官法》中已经明确，但对“法官助理培养”“初任法官养成”等概念未能形成一项统一制度在上述两部法律中固定下来。正是由于立法层面缺乏顶层设计，仅人民法院五五改革纲要将“初任法官培养机制”作为独立概念提出，绘制了制度的美好蓝图，但对如何构建、如何保障并未作出相应规定，使实践中各地法院在探索中陷入制度供给严重不足的窘境（参见表3-2）。

表3-2　初任法官养成在不同位阶法律法规中的制度依据

制度依据来源	具体内容	评价
《法官法》	仅规定初任法官的资格要求、任免程序等对初任法官养成未提	只字未提
《人民法院组织法》	仅在第55条规定“人民法院实行培训制度，法官、审判辅助人员和司法行政人员应当接受理论和业务培训”，对如何培训，如何养成并无规定	只言片语
人民法院四五改革纲要 人民法院五五改革纲要	人民法院四五改革纲要第52条提出“完善法官在职培训机制”，培训的对象是“法官”而非将会成为“法官”的“法官助理”； 人民法院五五改革纲要第53条提出“完善法官选任机制”，要求“配套健全分别适应地方法院、专门法院职能特点的初任法官培养机制”，但对如何建立并无规定	只言片语
《最高人民法院关于进一步全面落实司法责任制的实施意见》	未提	只字未提
《关于深化司法责任制综合配套改革的意见》	未提	只字未提
《关于深化司法责任制综合配套改革的实施意见》	未提	只字未提

二、制度移植后在我国司法体系框架下的功效演变

历史上，司法、审判中的辅助性人员首次出现是在美国，这也是法官助理制度的雏形。他们被称作“不穿法袍的法官”，主要职责包括准备法官备忘录，进行法律研究，与法官讨论案件，起草、编辑和校对判决意见等。[1]其与法院系“雇佣”关系，仅辅助法官办案，不具备晋升法官的职业资格，[2]具有临时性、流动性的特点。由于实践中存在向法律职业共同体推荐聘期届满的法官助理任职的传统，[3]该职位成为法学院毕业生谋求其他法律职务的“训练所”与绝佳跳板。[4]这种学徒式法官助理类似我国的外聘型法官助理，与我国内生型法官助理在职业晋升通道上存在明显不同。[5]因此，若在具体职能设计上借鉴美国的内生型法官助理，因身份及功能上的差异存在诸多掣肘，难以完成我国初任法官养成的历史使命。我国台湾地区法官助理制度的设置亦是如此。同为大陆法系的德国，由司法公务员负责司法辅助工作，他们同样不能晋升为法官。[6]还有部分国家甚至不存在法官助理这一称谓，仅将法官助理之责分解给低等级法官，如法国、英国、日本，[7]也没有由法官助理直接选任为法官的制度设计。因此，法官助理制度诞生之初就是“单目标取向”——只需辅助法官办案，

---

〔1〕 苏力:《法官遴选制度考察》，载《法学》2004 年第 3 期

〔2〕 魏玮:《美国法院的司法辅助人员》，载《人民法院报》2002年8月5日，第7版。

〔3〕 在美国，通常情况下，法务助理的任期是 1 至 2 年，届满后会被推荐到有名的律师事务所或大公司任职。

〔4〕 江振春:《美国联邦最高法院与法官助理制度》，载《南京大学学报》2010 年第2期。

〔5〕 李志增、李冰:《内生型塑造：法官助理三阶式养成路径探析——基于审判辅助事务与初任法官培养模式的契合》，载《中国应用法学》2019年第7期。

〔6〕 孔祥伟、彭雪莉:《司法改革背景下法官助理制度的羁缚与近路》，载《广西政法管理干部学院学报》2019年第2期。

〔7〕 陆晓燕、张琨:《论我国“法律学徒”式法官助理制度的构建——以法官精英化的实现为视角》，载《中国应用法学》2017 年第5期。

职业去向不与法官产生联系，不需要考虑其与法官队伍的衔接[1]（参见表3-3）。

表3-3　美国*、德国及中国台湾地区法官助理的性质及职责

国家及地区	法官助理性质	法官助理职责
美国	雇佣高校法学毕业生、有一定司法经验的年轻律师担任，无法晋升法官	（1）在案件审理初期阶段，负责校对立案说明书、协助进行动议审查、归纳当事人动议要点、准备相关资料、向法官提出处理建议等； （2）在上诉案件当中，负责归纳上诉申请要点，出席针对上诉申请召开的审判会议，在口头辩论或听证之前。准备案件备忘录； （3）在开庭前，负责准备庭审要点，对案件事务按类型、难度和复杂程度进行分类，以便法官作出准备。对承办法官交办的对某一专门法律问题进行研究并收集相关资料。为案件的口头辩论和庭前会议进行排期。为法官撰写庭审备忘录及代理意见要点； （4）庭审结束后，起草判决理由。
德国	经联邦最高法院统一录用（司法公务员），无法晋升法官	（1）在刑事审判中，司法公务员主要协助法官计算生效判决的司法费用及羁押期限等； （2）在民事审判中，司法公务员则要协助法官办理证据、财产保全及收取诉讼费用等辅助性工作。
	各州高等法院法官经推选后进入联邦最高法院担任（高级法官助理）	要负责查阅卷宗材料、检索相关法律与案例、向法官提供意见及草拟判决书等工作。

〔1〕　上海市第二中级人民法院课题组等：《司法辅助人员配置问题研究》，载《人民司法》2019年第19期。

续表

国家及地区	法官助理性质	法官助理职责
中国台湾地区	从法律院校或者与业务相关的院校毕业生中进行聘用，无法晋升法官	（1）协助法官审查诉讼案件程序、分析有关法律问题、收集诉讼案件相关资料； （2）协助法官整理双方当事人的主张、证据，分析案件争点，汇集整理以前法院对案件作出的判决； （3）协助法官校对判决书，清点、核阅、确认归档案件； （4）协助法官审查非讼、强制执行事件的程序和实体问题； （5）协助制作分配表、债权凭证； （6）协助制作、传输、提示电子诉讼文书； （7）其他交办事项

* 参见魏玮：《美国法院的司法辅助人员》，载《人民法院报》2002年8月5日，第7版。

由于历史文化、社会基础及民族性格等方面的差异，我国现行的中央政法编法官助理在“帮助法官分担部分审判辅助事务”[1]的同时，还肩负着法官“预备队”的体制性重担。这种身份及功能的演变，正是域外经验经受我国政治制度框架及现行司法体系的磨合、检验等排异进而逐步适应的过程。

第二节　中观层面原因分析

我国政法编法官助理具有“审判辅助”及“法官预备”的基础性、体

〔1〕 这不仅是法官助理制度设计的目的，也是《人民法院组织法》赋予的岗位职责。参见最高人民法院司法改革领导小组办公室编著：《〈最高人民法院关于完善人民法院司法责任制的若干意见〉读本》，人民法院出版社2015年版，第152页。

制性二元功能。从纵向来看，一五改革时期发布的《最高人民法院关于加强法官队伍职业化建设的若干意见》规定，法官助理符合《法官法》规定条件的可以被选任为法官。不过，由于我国法官助理制度是在取消助理审判员的基础上发展、依附于员额制改革的深化不断推进的，“审判辅助”的基础性功能作为制度存在的必要性和合理性始终稳固。长期以来，无论是制度的顶层设计还是学界的研究视角，始终围绕“审判辅助”这一功能展开，对“法官预备”这一在一五改革时期提出、二五改革和三五改革时期搁置，而四五改革时期又重归舞台的体制性功能鲜有关注和论述。制度设计和学术研究对两种功能定位的关注偏差形成了二元定位强弱失衡的局面。随着未入额的“原法官”逐渐“去库存”，“法官预备”功能长期得不到重视，法官养成相关制度积累薄弱、学术底蕴不深的弊端将逐步凸显，最终影响法官精英化的实现。

一、二元功能的非同向性

当两种功能具有同质性或者互补性时，并不必然导致功能冲突甚至可能在兼容互促中实现功能优化；但若两种功能抵牾排斥，则可能导致功能冲突，难以实现两全其美。“司法活动具有特殊的性质和规律，司法权是对案件事实和法律的判断权和裁决权。”[1]其体现在认定事实和适用法律的全过程中，统一于专业知识指导的逻辑法则与生活阅历带来的经验法则的有机结合。正如前文所述，法官助理在法官指导下负责审查诉讼材料，协助法官组织庭前证据交换、调解，草拟调解文书，办理财产保全、证据保全、委托鉴定、评估等工作，虽具一定专业性，但全程在“法官指导下”，不

---

〔1〕 中共中央文献研究室编：《习近平关于全面依法治国论述摘编》，中央文献出版社2015年版，第112页。

涉及独立行使审判事务的核心——判断权。换言之,“审判辅助”功能积累的工作经验难以满足培养出一名合格法官所需的全部职业锻炼需求,并不当然对“法官预备”的体制性功能产生正向反馈。

二、与法官养成规律的错位

规律是事物的内部联系和发展的必然趋势。大陆法系国家及地区普遍将候补法官作为晋升法官的必经程序,尽管称谓有所不同,但整体模式趋同,均在担任全权法官之前设置五至十年甚至更长的强制成长阶段,从表3-4可窥其一。〔1〕新一轮司法体制改革后,我国法官的主要养成路径已从“书记员—助理审判员—法官”转变为“法官助理—法官”。法官与助理的本质区别在于审判核心事务和辅助事务的区分。按照体现审判权判断属性程度,审判核心事务又可细分为低判断性事务和高判断性事务。〔2〕“法官助理—法官”的成长路径,实际上略过了学习掌握低判断性事务的过渡阶段,从处理程序化的非判断性辅助事务的“操作员”一步直达统筹处理高判断性事务的“决策者”。这种模式违背了基本的人才培养规律,遑论更加专业化且终身责任制的法官养成。改革伊始,尚有部分有审判经验的助理审判员等待遴选入额,随着入额或转岗在数年内存量去尽,身为旁观者从未进行独立司法判断的法官助理将成为员额法官的主要来源,精通于审判辅助事务的他们由于独立性判断经验的缺乏晋升为员额法官后难免会面临能力危机、知识恐慌,未必是法官的最佳人选。〔3〕

---

〔1〕 相关比较法资料参见《德国法官法》第 12 条、《韩国法院组织法》第 42 条、我国台湾地区有关法院组织的相关规定第 42 条,李邦友:《日本法官遴选工作机制及其运作》,载《法制资讯》2014 年第 8 期。

〔2〕 低判断事务主要包括非诉、程序性裁定等案件中的判断;高判断事务包括普通诉讼案件中的判断。

〔3〕 调研中,诸多法官助理表示若未经庭审历练,对将来走向审判岗位充满“恐慌”。

表3-4　部分大陆法系国家及地区候补法官养成情况

国家／地区	称谓	担任候补法官年限	养成方式
德国	见习法官(试用职法官)	5年	5年期满后可任命法官
日本	判事补	10年	前5年协助法官办案,不能独任审理案件;后5年可独任审理案件,均不能担任合议庭审判长
韩国	初任法官 陪席法官	7年	2年期满后根据勤务业绩决定是否任用为法官,此后须再任5年陪席法官才可独任审判或任审判长
我国台湾地区	候补法官 试署法官	6年	5年期满后服务成绩合格再以试署法官试署1年后,服务成绩合格则为实授法官。试署1年后不合格者可再试署6个月,仍不合格不再试署

三、改革边际效应的递减

员额制改革后,被迫转入法官助理的“老人”,虽然薪酬待遇有所增长,但不能获得作为一名法官原本可期待的较高物质利益及社会名誉 ,成为法官助理改革最大的权益受损方。由于未能最大限度地遵循帕累托最优,[1]法院现有人员的重新排列组合非但未能提升队伍整体战斗力,反而造成改革的边际效应递减。更深一步分析,由未能入额的原法官转化的法官助理能力强,但积极性低;[2]政法编法官助理积极性普遍较高,但能力偏低,无法适应岗位需求,甚至产生畏难情绪。如蚌埠市禹会区法院招聘

〔1〕 帕累托最优是指资源分配的一种理想状态,假定固有的一群人和可分配的资源,从一种分配状态到另一种状态的变化中,在没有使任何人境况变坏的前提下,使至少一个人变得更好。

〔2〕 蚌埠两级法院未入额法官作为内生型法官助理,改革前年人均办案100件左右,改革后有的只负责草拟维持原判的文书,有的只做一些调查取证和调解工作,年龄较大不想入额的法官助理基本处于休息状态。

的1名法官助理就曾公开表示过愿意一直从事书记员的工作，对草拟文书等工作有畏难情绪。对内生型和外聘型法官助理采取同样的培养模式显然不符合司法现实。实践中各地法院多是考虑人员组成情况，结合已有的办案工作量调整法官助理工作岗位和工作内容，其职责与书记员职能交叉混同比较严重。

例如，调研组首先对蚌埠市两级法院90组审判单元进行调研，发现法官不对其带领团队的法官助理、书记员划分职责的共23组，占比25.55%；按照难易程度简单划分，力所能及的工作“谁有空、谁完成”的共61组，占比67.78%；按照程序性辅助事务、实体性辅助事务划分职责的6组，占比6.66%。随后，课题组又对67家外省法院进行调研〔1〕，其中，记录、送达诉讼材料、庭前准备、校核印制法律文书四项应属书记员的审判事务性职责分别出现34次、25次、23次、23次，分别占样本总数50.74%、37.31%、34.33%、34.33%。而研究案件涉及的相关法律问题、财产保全和证据保全、鉴定、评估等系属法官助理的审判辅助性职责仅出现10次、32次、32次 ，占比均未过半。这种忽视了法官助理法律专业能力的职责划分模式不利于司法人力资源有效配置，也降低了法官助理的职业认同感，不利于法官助理的精细化培养和能力提升，更无法培养出合格的初任法官。

---

〔1〕 笔者通过中国知识资源总库（CNKI）、法信等数据库，《人民法院报》《法治日报》等官方网站及百度搜索引擎，以“法官助理”与“职责”“分工”“考核”“管理”等词汇组合为关键词进行搜索，并对部分法院采取电话访谈的方式，在全国范围内共收集到67家法院数据，覆盖21个省、市、自治区的三级法院，基本实现了统计样本的客观性与科学性。

第三节　微观层面原因分析

一、法官助理培训目标脱离精英式法官改革需求

调研组通过对法官员额制施行以来最高人民法院及国家法官学院关于法官助理培养文件的梳理，发现预备法官培训取消后，存在法官助理培养定位不明确、培养方案不科学、培养管理不标准化的问题，没有制度化的保障，亟须出台全国性的初任法官或者法官助理培养方案。国家法官学院组织过短期的法官助理培训班，各省则行动不一，〔1〕各地的市中级法院和基层法院大多注重审判辅助的业务训练，很少投入长期培训课程专注培养法官助理，也没有建立初任法官培养方案和培养体系。例如，四川省法官助理培训计划，直到2017年法官助理培训才被列入成都市中级人民法院26个年度培训任务之一。最近几年，成都市中级人民法院每年开展4-7天的法官助理实践技能专题轮训，专注培养法官助理工作能力，多为审判辅助性工作，以便参与日常协助性工作中，分担审判工作量。但这一培训目的却与法官助理作为法官储备人才的定位矛盾，注重办公却不是有计划地培养（参见表3-5）。

---

〔1〕 如四川省高级人民法院自2017年以来组织过法官助理示范性培训班，安徽省高级人民法院则未开展过相关培训。

表3-5　近五年四川省法院法官助理培训计划

四川省高级人民法院	
2016年	开展预备法官(法官助理)培训。司法考试考前培训。指导中级人民法院扎实开展审判辅助人员、司法行政人员、诉讼服务岗位聘用人员和人民陪审员培训。落实预备法官(法官助理)培训实习指导工作。
2017年	开展法官助理示范培训。重点是政治素养、职业素养和岗位技能。
2018年	开展法官助理示范培训。重点是政治素养、职业素养和岗位技能。
2019年	开展法官助理示范培训。(地面集中与网络在线培训相结合,重点培训如何加快案件流动、案卷管理、团队协作,如何使用计算机和其他现代化手段。)
成都市中级人民法院	
2015年	制定学历教育管理办法,鼓励在编干警参加学历教育。
2016年	鼓励、支持审判辅助人员参加法律专业研究生学历教育。
2017年	依托《法官助理职业技能培训教程》读本,采取专题授课、经验交流等形式,分3期对全市法院812名法官助理进行每期4天的实务技能专题轮训。
2018年	依托《法官助理职业技能培训教程》第二版,采取专题授课、经验交流等形式,依托西南政法大学师资力量,分4期择优选派法官助理进行每期7天的实务技能专题轮训。确保法官助理参训率33%以上。
2019年	着眼能力短板、着力优质供给。以提升法官助理协助办案经验、实际办事能力,文字表达能力、群众工作能力、与媒体打交道能力为目标,委托西南政法大学分4期组织全市优秀法官助理进行为期7天的司法能力提升集中培训。确保法官助理参训率在33%以上。

二、法官助理培训内容脱离初任法官培养目标

调研发现,与成都市中级人民法院的情况相似,各地中、基层两级法院近年来的法官助理培训均主要是由集中脱产学习、临时的专题业务讲座以及在线视频课程组成,没有固定的课程,培训内容多以业务知识为主。这样的培训存在以下弊端:

一是零散的课程无法实现系统性培养宗旨。在理论指导缺失和人员不足的情况下,中、基层法院依托高校开设法官助理培养专题课程。尽管

高校给予法官助理专业化课程，但由于仅是专题课程，且不集中于单一高校，课程之间缺乏逻辑，开课时间、周期也不固定，不能实现长远的培训宗旨。系统性培养的核心在于审判思维方式、审判能力训练以及内在的品格和道德——这些不是仅靠专题的课程就可以养成的，必须经过整体化、系统化的长期培训课程学习。

二是以技能知识为主的培训内容无法实现能力导向的复合性培养目标。法官助理的一门必修课是将法律理论践行于审判实践中。理论知识必须通过实践训练才能促进裁判思维形成、审判技能掌握和审判经验积累，最终表现为审判能力提升。法官培养的实践学习普遍存在，国内外都崇尚司法实习。如法国国家法官学院两年半（31个月）的职前培训，其中21个月是实习，实习时间达到67.74%。[1]现有的培训方案注重技能知识，却不落实于实践，没有训练法官助理的能力。这样的侧重会导致培养的成果取决于法官助理的个人职业价值定位和个人能力；而个人能力较弱的法官助理则不能在完成培养方案后具备成为法官的能力。培养方案"失灵"，与培养的目的和意义相悖，说明实践中各地的法官助理培训并没有将能力实际提升作为追求的目标。

三、法官助理培训方式脱离法院工作现实

目前法官助理培训有两种形式，除了法院内部组织的脱产培训，还有一种是跟随法官做"学徒"培养。事实上，在法院高强度的工作环境下，两种培养方式实行难度大且复杂。

首先，脱产培训的时间与法院工作的时间冲突。停止预备法官培训后，各地法院近三年并没有增设准法官岗前培训，自行组织的法官助理脱

〔1〕 周道鸾主编：《外国法院组织与法官制度》，人民法院出版社2000年版，第105-109页。

产培训时间甚至不增反降。例如，2017年成都市中级人民法院组织了为期4天的全市法官助理集中培训，2018—2019年只组织部分优秀法官助理参加为期7天的培训，成都市两级法院人均参训时间减少1.7天，减幅达到57.7%。安徽省各地法院也存在同样情况，以蚌埠市中级人民法院为例，2017年以来没有组织过专门针对法官助理的业务培训，仅在上级法院组织业务培训时将法官助理纳入，或在本院组织培训时将法官和法官助理一并作为培训对象。这与基层法院当前“案多人少”矛盾突出的现实有关。调研中，部分地区的员额法官和法官助理做了问卷调查，法官们普遍反映工作“缺人手”，办案压力大、工作量大，协助完成工作的人员不够。加班更是常态，过九成的法官助理加班频繁；在家或办公室超时办公2小时的过半数。现有的法官助理培训方式主流有两种，一种是专门进行学院式培训学习，另一种是在工作之余上网课自主学习。第一种直接将学习替换工作，第二种要靠法官助理自我驱动兼顾工作、生活和学习，均属“脱产”学习。脱产培训必然要与工作“抢夺”时间，而以办案为中心的法院工作、考核实际最终使培训让位于办案，法官助理参训人数和培训时间在实务中不断缩减。〔1〕

其次，法官与法官助理形成的“师徒”关系并无牢固的制度捆绑，也没有组织性的考核。而跟随法官做“学徒”培养的形成与人事安排有关——法官助理直接分配给法官，也有法官培训中实践学习的基础因素，这是法官助理司法品格培育、能力培养、法律理念传承的重要途径。但这类“师徒”关系过多依靠双方主观意愿，若法官精力不足无暇给予更多指导，抑或法官助理个人内驱力不强等都易导致“师徒”关系松动，最后流于形

〔1〕 王禄生：《对本土制度语境下法官职业化的回顾、反思与展望——以三十年法院人事制度改革为分析样本》，载《四川大学学报（哲学社会科学版）》2010年第2期。

式，作用有限。调研中发现，“学徒”们大多表示“遇到问题时，主要通过自己查资料、请教有经验的法官助理或书记员等方式解决，一般不会麻烦法官”。

学徒制在法院实践中“失灵”主要是由于法官助理的职责分离与法官在办案压力下的“职责脱离”，也即师徒均游离在角色之外。主要原因有二：一是法官助理职责不符。学徒制是职业技能习得的一种传统方式，其核心是“言传身教”，包括示范、指导和支持。即通过师傅的示范，学生对师傅的行为的观察和整合，在师傅的监管下实践基本知识的教学模式。〔1〕但是从问卷调查反馈结果来看，各地法院多是依据自身案件体量与人员构成具体矛盾来使用法官助理，大多数法官助理实际上或者主要从事书记员工作，〔2〕“游离庭审之外”〔3〕。法官培养重要的一环是审判，这也是衔接法官与法官助理法律理念传递的精髓所在。若法官在审判过程中分配给法官助理深度参与审判的工作，使其更好发挥“助理”的职能，结合成牢固的“师徒”关系，此类言传身教过程将在法官培养中起到极大作用。且实习的角色身份非常重要，是作为旁听、起草文书助手性质的“法官助理”，亦是亲力亲为的“法官”，直接影响培训的实效。法官助理没有明确的职能划分，身份定位不清晰，其既可以是书记员岗，又可以是助理岗、人事岗，从责任来说不能给法官助理明确的要求——个人发展全凭内驱力。

二是法官在法官助理培养上缺位，没有起到引导其职业生涯规划的作

〔1〕 佟连发、王志权：《现代学徒制与中国法学教育改革》，载《社会科学家》2014年第1期。

〔2〕 参见《人民法院组织法》第48条、49条。《最高人民法院关于完善人民法院司法责任制的若干意见》第19条、20条。

〔3〕 调研样本中，各地法院法官助理实际职责介于规范性文件对书记员与法官助理职能描述之间的共55家，占总样本82.09%。其中记录、送达诉讼材料、庭前准备、校核印制法律文书四项应属书记员的审判事务性职责分别出现34次、25次、23次、23次，占样本总数50.74%、37.31%、34.33%、34.33%；而研究案件涉及的相关法律问题、财产保全和证据保全、鉴定、评估等系属法官助理的审判辅助性职责仅出现10次、32次、32次，占比均未过半。

用。法官办案压力、工作量高企不下，时间划分给办案、休息之外，能留给培养法官助理的不多，精力也不足以支撑给法官助理做专门培训。且法官本身也未必接受过前任法官的培训，缺少培养法官助理的意识。例如，蚌埠市一辖区基层法院2021年法官人均月办案量超过40件，主要由24名法官对27名法官助理进行指导。经调查发现，需要法官助理梳理案件并反映汇报的法官不到14%，训练法官助理审判能力的法官不到19%，有意识培养法官助理裁判文件写作能力的法官不到28%。传帮带的法官和法官助理关系没有明确的制度要求和管理约束，导致最终法官养成结果具有风险性：一来缺少系统性培养制度；二来法官与法官助理间主观因素不可控，不能保证养成法官培养质量。

通过基层法院调查反馈，法官助理培训存在不能满足法官员额制改革背景下初任法官培养需要的问题，原因有如下几点：第一，法官助理的职能划分不清晰；第二，初任法官培养制度建设是一个缓慢的过程，即便当下采取改革也难以及时纠正；第三，法院忽略了初任法官培养过程的系统性、科学性、实用性要求；第四，中、基层法院的人员素质局限性，在教育、能力方面都有限等。情况如此，唯有革故鼎新，重构法官助理培训，才能解基层法院法官源头进路的燃眉之急。

第四章　我国初任法官养成历史考察

以史为镜，可以知兴替。深入研究我国初任法官养成的历史沿革和成败得失，通过对我国法官养成模式沿革的了解，挖掘和传承中华法律文化精华，汲取营养、择善而用，为构建新时代初任法官养成机制服务。

第一节　我国古代的法官养成模式

夏朝是我国第一个奴隶制国家，国王掌握最高司法权，大理、理、士为司法官吏。法律多采用认可的形式，法律内容源于原始习惯、祭祀礼仪、军队命令等，从而变成奴隶制国家法律制度的一部分，司法官并没有雏形。

商朝时期，由来已久的神权政治得到充分发展，司法官员往往借助占卜来探寻鬼神意志进行断案，宗教意识与司法审判紧密相连，形成了"天罚"与"神判"制度。该时期司法官的培养只是神权政治下的附随产物，并没有单独的培养制度。

周朝开始出现了以研习法律为主要内容的教育活动，这一时期的法律教育都是官方的，仅在统治阶级内部进行，老师和学生都是奴隶主和贵族，没有平民和奴隶。周朝时期要求司法官依法办案，司法官员归纳借鉴前人审判经验，在进行审判实务操作过程中不断探索和总结，推广"三刺""五听”等裁判方法的运用，司法官员在司法审判活动中不再单纯盲目迷信神权。这一时期的法官培养出现了初步的雏形。

秦汉时期，担任司法官者必须“明法律令”。在官署设置上增加了“律学”，负责传授法律知识，这里培养了很多优秀的司法官员。秦汉时期的法官培养明显呈现系统化的特征，对法律的学习和教育呈现出专业化的倾向。

三国两晋及南北朝时，对律学的重视程度明显降低，这门学科被从儒家经学中去除。“九品中正制”使士族子弟可以通过“举孝廉”获得官职，不再愿意花费时间和精力研习律学，也不愿意从事司法审判工作，担任司法官职，认为这是“浊务”。这种情况在魏明帝时有所转变，统治者开始重视法律教育及对专业司法人员的培养，我国法学专门机构的设置肇始于此，在廷尉中增设了负责法律教育的官职，即律博士，开展法律解读、研习和传授课程，以提高司法官员的司法实务能力。西晋继承了这项制度，北齐时增加了律博士的人数。

隋唐开创科举制，将明法科定为科举考试的六科之一，学习法律成为入仕的必修课，在官办教育机构国子监中也设置了律学。这个时期司法职业的特点是辅助人员增多，分工细化，权责分散。

宋代置律学、设明法，科举考试重视考查法律知识，法律研习蔚然成风。各级官员也都积极主动习法，法律基础知识普遍很扎实，通过律学考试才有机会被选拔为基层司法官员。宋朝注重司法队伍的建设与革新，赏罚严明，司法制度精致而详备，并有不少创新宋代的司法官培养在法律教育上特别注重，要求掌握相应的法律知识。各个阶段的程序要求也不相同，要求司法人员能够熟悉程序要求和具有相应的能力。宋代对于官员的任用和选拔，对于现在的初任法官培养具有一定借鉴意义。

元朝在司法机构的设置上沿用了唐宋的制度，但又加以删减。该时期的法官教育和培养几乎荒废，真正的司法技能无人重视。

明朝为了弥补司法官员法律知识素养及司法审判能力的不足，以立法的形式将“讲读律令”这一法律教育措施写入大明律，严格要求官员必须熟读法律条文，在研习法条的基层上通晓法律条文的含义，以期短期快速提高官员依法断案的能力。而对于当时的司法官员来说，对律法的熟知通晓和审判能力的提高依赖审判经验的长期积累，仅凭“讲读律令”效果并不明显。

清朝沿袭明制，以立法确定了“讲读律令”制度，也没有设置官方法律教育机构和专职人员，官方教育几乎不涉及法律。八股取士不考法律，学子更加不会主动研习法律条文，官员法律素质必然极低，无法做到援引法律对案件进行妥善处理，官员审判时势必会倚仗幕吏这一类司法辅助人员。清代名幕汪辉祖在《佐治药言》中概括了审判辅助人员的职业规范和履职要求：忠诚敦厚、勤理词讼、深学善谏、尽职入微。在评才时也都非常重视幕友人品，“以品端学醇，人忠厚恕之士”为良幕准则。刑名幕友经常使用的法律书籍师爷秘本是幕友权利知识的汇集，每遇新案件有新的审判思路和心得体会就会加注其中，师徒相传，是专职刑名幕友的重要培养方式之一。清朝的官方法律教育不受重视，日益衰败，盛行于刑名幕友间对法律知识及审判经验的各种形式的教育传承对当时的司法体系以及法律传播起着重大的作用。

第二节　新中国成立前的法官养成模式

清朝后期受西方司法制度影响，改革了司法体制，将司法权从行政权中脱离出来，明确了法官的定位和职责，实现了法官独立。设置了法律专业性考试和独立的选拔机制，开设了培养法官的政法学堂。随着改革的不断推进及对法官需求日益增加，在晚清政府的支持下，各省都设立了相互独立的法官培养机构。但是，因每个省的法律教育资源和规章制度差异很大，培养出的法官在法律知识素养和审判能力方面参差不齐。为统一各省机构的培训标准，法官养成所在1911年应运而生，法官培养工作逐渐规范化。正式成为法官之前需要经过两次司法考试，通过第一次司法考试后会被分配到基层审判厅进行为期两年的见习，在法官的指导下审理案件，学习审判技能，积累司法实务经验。两年培训结束时见习部门出具的评语是第二次司法考试成绩的一部分。通过第二次司法考试后，可以参加基层审判厅的法官补录，成为正式的法官。

北洋政府在1914 年设立司法讲习所，是官方系统的法官培训机构，并对讲习所管理和培训以颁发规程的形式进行规制，通过法官初试即可在这里接受司法培训。为学习国际上先进的司法经验，聘请多位国外法律专家进行授课，在学员司法审判技能的培养上取得了非常好的效果。司法讲习所在1921 年由于经费短缺被迫停办，后得幸于梁启超等人的努力和坚持下，司法储才馆于1926年成立，继续对通过法官初试人员进行培训，后来已取得法官资格的人员也可在这里接受法官培训。为了应对特殊时期带来的涉外案件激增现象，储才馆在课程设置上增加了德语、法语等外国语培训课程。

近代以来颁布了一系列的考试规章，其中《临时约法》规定了法官的任选程序，1933年颁布的《考试法》和1943年颁布施行的《法院组织法》为法官的遴选工作提供了制度性保障，至此法官通过考试进行任职逐渐成为一项全国性的制度。

此后，为满足司法需要，对狱政人员和审判厅书记员均开展了专门系统的培训。

在特殊的历史条件下产生的革命根据地政府时期伴随严峻的革命形势，这一时期因基层司法组织薄弱，司法干部紧缺，司法工作人员严重不足，司法审判工作无法有效开展。[1]但革命根据地政府非常重视对司法审判干部和工作人员的培养和选任，多次举办司法培训班，培养了百名左右的司法干部，严格规定不可任意对司法干部进行调用，在很大程度上健全了司法组织，保障了司法审判工作的正常进行。根据地政府还颁布了《司法工作人员奖惩条例》，严明赏罚，强化对司法人员的管理，对提高司法审判工作效率起到了积极的作用。

第三节 新中国成立后至最新一轮司法改革前的法官养成模式

在1952年“司法改革”的前三年，原有司法干部及司法工作人员绝大多数在接受思想改造的基础上继续从事原来的工作，由北京新法学研究院和地方司法干训班负责对这些人员进行培训。1952年7月起，中央司法部制定分期分批计划，在全国范围内对各级审判部门开展彻底改造和整顿工作，开始培养新的司法审判人员。这次司改运动不允许旧司法人员继续从事司法审判工作，虽然净化了司法审判队伍，但是也导致一大批不存在政治问题的专家教授被调离相应领域，在一定程度上影响了健全司法制度的进程。

〔1〕 侯欣一:《陕甘宁边区司法制度、理念及技术的形成与确立》，载《法学家》2005年第4期。

新中国成立后，最高人民法院领导进行司法改革，开始在管理方式、人员设置、诉讼程序等方面逐步建立现代法院管理制度。1954年，新中国第一部《宪法》颁布施行，将人民法院从政府中分离出来，并规定了人民法院的选举机制及监督机制，为构建人民法院对人民民主保障的合法性奠定了基础，对司法审判人员的培养工作被日益重视起来。党的十一届三中全会明确“司法机关要保持应有的独立性”。党的十三大和十四大决定加快人事改革，为加强对司法审判人员的教育培训，成立了高级法官培训中心和法院干部业余大学。具有中国特色的法官遴选制度在这一时期萌芽并逐渐确立。在这一段时期，逐渐形成了从助理审判员到审判员的法官培养模式，法官助理并没有登上历史舞台。随着司法改革的推进，对于通过法官助理的培养进而成为法官的研究越来越深入，建立法官助理制度的呼声越来越高。

在1999年之前，我国对于法官助理制度只限于学界的讨论，最高人民法院发布的一五改革纲要中首次提出探索法官助理制度。到2014年四五改革纲要正式确立要设立法官助理制度，其间进行了部分试点工作。调研组通过对最高人民法院历次关于法官助理制度改革的相关文件进行梳理，总结如下（参见表4-1）。

表4-1　最高人民法院发布与法官助理的相关文件

发布时间	文件名称	法官助理相关表述	重点内容
1999年12月	人民法院一五改革纲要	随着审判长选任工作的开展，结合人民法院组织法的修改、高级人民法院可以对法官配备法官助理和取消助理审判员工作进行试点，摸索经验。	审判长选任法官助理试点
2002年7月	《关于加强法官队伍职业化建设的若干意见》	试行法官助理制度。法官助理是从事审判业务的辅助人员。对法官、法官助理、书记员以及其他工作人员实行分类管理。	试行法官助理制度

续表

发布时间	文件名称	法官助理相关表述	重点内容
2004年9月	《关于在部分地方人民法院开展法官助理试点工作的意见》	建设一支职业化法官队伍，实现人民法院审判人员的分类管理，保证法官依法独立、公正地行使审判权，提高审判效率，在部分地方人民法院开展法官助理试点工作。试点法院设法官助理。明确法官、法官助理、书记员三者之间的职能划分和在审判活动中的相互关系。在审判工作中，试行"法官——法官助理——书记员"的审判人员组合模式。	部分法院开展法官助理试点工作
2005年10月	人民法院二五改革纲要	推进人民法院工作人员的分类管理，制定法官、法官助理、书记员等分类管理办法，加强法官队伍职业化建设和其他各类人员的专业化建设。在总结试点经验的基础上，逐步建立法官助理制度。	逐步建立法官助理制度
2007年11月	《关于在西部地区部分基层人民法院开展法官助理制度试点、缓解法官短缺问题的意见》	在西部地区基层人民法院开展法官助理制度试点，在审判法官与书记员之间设立"法官助理"职务，试行"法官—法官助理—书记员"的审判人员组合模式。法官专司审判，法官助理负责案件各项辅助性工作，书记员负责法庭记录，三者之间分工负责，形成一种新的审判工作运行机制。	在西部地区基层人民法院开展法官助理制度试点
2008年1月	《最高人民法院政治部关于在西部地区部分基层人民法院开展法官助理制度试点的实施方案》	在试点法院实行人员分类管理，优化审判资源配置，构建"法官—法官助理—书记员"的审判人员组合模式，为今后在全国法院系统推行法官助理制度作积极准备。	为今后在全国法院系统推行法官助理制度作积极准备
2009年3月	人民法院三五改革纲要	建立健全以法官、法官助理、书记员和其他行政人员的绩效和分类管理为主要内容的岗位目标考核管理体系。	法官、法官助理、书记员和其他人员分类管理
2014年7月	人民法院四五改革纲要	推进法院人员分类管理制度改革，将法院人员分为法官、审判辅助人员和司法行政人员，实行分类管理。与之配套的，则是拓宽审判辅助人员的来源渠道，建立审判辅助人员的正常增补机制，减少法官事务性工作负担。	法院人员分类管理制度改革，审判辅助人员

2000年至2001年，北京房山区法院、丰台区法院分别开展法官助理制度改革试点，这是我国第一次对法官助理制度进行的司法实践。随后，全国部分地区也开展了一系列的试点工作。为了更为直观地了解我国法官助理试点工作，笔者对2000年至2015年全国主要的法官助理试点工作进行了归纳统计，并对试点背景作了针对性的分析，以便考察该制度的运行背景（参见表4-2）。

表4-2　2000—2015年全国法院法官助理制度试点情况

年度	试点法院	是否实行法官员额	是否实行人员分类管理
2000—2001年	北京房山区法院、丰台区法院	否	部分试点
2004—2006年	海南省高级人民法院、北京市房山区人民法院、常州市中级人民法院、遵义市红花岗区人民法院	否	否
2008—2010年	西部 800 多个基层人民法院	否	部分试点
2014年	横琴法院	是	是
2014—2015年	上海、海南等七省市、第二批11省市试点法院	是	是

通过对表4-1、表4-2的梳理可以看出，以2014年为分水岭，我国法官助理制度的试点背景、运行环境出现了明显的改变。2014年6月开始对法院人员进行分类管理，确立专业职务序列分类和员额制管理。最高人民法院发布的四五年改革纲要也明确指出“推进法院人员分类管理制度改革，将法院人员分为法官、审判辅助人员和司法行政人员，实行分类管理”。随后，多个省份陆续开展司法改革工作试点，各省的试点工作均明确实施人员分类管理制度，并推行法官助理制度。法官助理制度作为法官员额制度的配套制度将在 中国长期存在并对我国司法运行发挥重要意义。今后我国法官助理制度的设计、运行均会在法官员额制度、人员分类管理的背

景下进行。2014年之后，我国深入推进司法体制改革，关于初任法官养成的情况在初任法官养成的现实困境中进行了专章研究，故此之后的研究不在本章之列。

第四节 我国历史上法官养成模式对当前初任法官养成机制的启示

综上所述，我国古代司法制度具有以下特点：一是司法权被认为是行政权，司法事务具有行政事务的性质。二是司法机关从属于行政机关，且同样遵守以上率下原则，行政化色彩浓厚。三是地方行政长官兼理司法，虽也有专职办案人员，如汉代决曹、唐代司法参军、明清按察使等，但仍是地方行政长官的下属。四是司法与行政合中有分，至少在明清时期，轻罪案件裁决权在地方，重罪案件则决于中央司法机构 。由此可见，从事司法审判工作的官员在我国古代不是独立的。自隋朝实行科举制后，明经、进士成为重点；唐宋虽有明法一科，但仅为六科之一，习律已不为人重；明清以八股取士，因无专科，群相鄙弃，更无人读律。我国古代普遍通过科举考试选拔任命官员，行政官员负责审判工作，大多缺少官方系统的法律教育培训。清末至民国，受西方司法制度的影响明显，司法改革幅度较大，司法权首次从行政权中脱离出来，法官开始成为一种专门的职业，为近现代法官职业化的发展奠定了一定的基础，对于法官的培养也呈现专业化的倾向。革命根据地时期对于司法人员的培养较为注重，通过司法培训班培养了较多的司法干部。新中国成立后到本轮司法改革前，对于法官的养成也进行了很多有益的探索。我国历史上司法制度的变革和发展对于当代法官养成机制的建立具有一定的启发意义，应当注重借鉴和吸收。

一、注重对传统文化的批判继承

中国有几千年的人类社会发展史，文明赓续传承，对于优秀的传统文化可以摒弃糟粕，吸收精华。从古代司法发展历史来看，商朝已经有了司法官，但是当时只是假借神权神意的名义进行裁判，缺乏系统的法律知识和法律技能。周朝对于法律人才的教育培训活动对于现在的初任法官养成仍然具有积极的意义，法官由于其职业的专业性，必须注重专业的教育培训；且当时已经注意对裁判方法的运用，也注重案例的价值，对于实践技能具有相当的要求，可以吸收借鉴。秦汉时期对于司法官已经有了初步的职业化要求，对于法律知识的掌握要求比较全面，对于现在的初任法官养成具有启发意义。

三国两晋及南北朝早期对于法律科目的废除以及后期重新设置专门的培训部门，说明司法官作为专业性很强的职业，专业培训不可或缺。隋唐及宋朝时期不仅注重培训，更加注重考试，通过设置专业的法律科目的考试来检验司法官对于法律知识的掌握程度。元朝律学荒废，导致社会治理混乱。明朝废除了专业的法律考试内容，专业学习法律的人才很难有发展前途，司法官不能掌握专业的法律知识，反而容易被幕僚左右，失去了司法官应有的裁判权，也是初任法官养成的反面教材。清末至民国时期的司法制度的变革，形成了现代司法的雏形，对于现代的司法具有一定的影响。中国革命根据地时期和新中国成立后的一段时间，对于法官的培养司法理念上形成了特色，“马锡五审判方式”的运用体现了党对群众工作的深刻认识，更加得到群众的认可，也和现在的“以人民为中心”的理念符合，要求现代的初任法官养成需要对养成对象的司法理念进行培树。

二、必须重视法官培养

我国古代历史上不存在官方系统的法官培养制度，官员接受的教育几乎都是儒家经典和道德礼仪，审理案件主要依据经验和直觉，以教化、调解等中庸方式处理案件。可是作为法律的守护者，法官需要对法律有极强的理解力、感受力和执行力，这些都需要系统专业的培训才能达到。我国历史上的司法审判几乎均由行政官员负责，出身科举的官员甚至连基本的法律知识都不具备，导致出现很多冤假错案，严重影响那时的司法公信力。

清末至民国时期学习西方的司法制度，法官开始独立成为一种职业，法官的专业性和重要性也逐渐显现。但是，当时对于西方学习过于形式化，对于西方错误的司法理念没有能够进行有效的鉴别，所以在初任法官的养成中必须注重新时代正确司法理念的引领。对于初任法官养成来说，必须进行专门的培养，从司法理念到实践技能，从政治素质到业务能力，从道德要求到司法作风等方面都需要进行全方面教育培训，培养适合新时代要求的初任法官。

三、法官培养须立足国情

中国近代法制现代化进程带有强烈的救亡图存政治使命和功利目的，撤废列强在华领事裁判权，聘请西方法学家主导立法，照搬西方法律是清末和民国的通行做法，而抄来的法律常常“以人民之是为非，以人民之非为是”，没有根据中国的实际情况进行变通，对于中国受两千多年的封建思想的影响不重视，对于老百姓的观念、习惯和习俗不加以考虑，将法律和当时的环境、国情割裂开来，所以具有很大的游离性和不适应。

三级三审体制、上诉条件的过于宽泛等都是诉讼迟缓、案件积压的重要原因。当时的司法变革更多具有被动的性质，而且基本是对西方法律体系的全盘借鉴，缺乏对国情的实际把握，所以出现了水土不服的情况。现代的初任法官养成必须要立足于中国的国情，立足于中国司法发展的实际，在我国司法实践的基础上进行改革，坚持人员分类培养，坚持革命化、专业化、职业化、正规化的发展方向。

四、应加强法律职业道德培养

我国古代的司法由于封建历史的原因，很多司法官职业道德低下，被皇权、金钱、权势左右，老百姓有理无钱打不赢官司，造成恶劣的社会影响。由于司法权隶属于行政权，更容易受到官员的干预，而且很多官员当官就是为了攫取更多的金钱，司法成为司法官谋取私利的工具，很多司法官利益至上，毫无职业道德和底线。元朝时期比较典型，法律名存实亡。明朝因实际掌控司法权的刑名幕友道德风气败坏、以权谋私，严重损害了法律尊严，破坏了当时的司法秩序，危害性极大，影响社会的治理。

现代初任法官的养成必须要注重职业道德的培养，要实现“努力让人民群众在每一个司法案件中感受到公平正义”的目标，职业道德不可或缺。法官在认定事实并使用法律进行裁判的过程中也需要充分发挥其主观认知，依照理性和良心，根据内心确信去进行裁判。我们永远也不能指望法官会如同一台机器一样，在将证据等输入后即可得出一个公正的判决来。法官裁判案件应当按照法定程序，全面、客观地审核证据，依照逻辑规则和经验法则，凭理性和良心对证据和事实进行判断，依据内心确信来进行案件裁判，适时公开形成内心确信的理由，并应当在判决书中详细公开裁判的依据和理由。因此，对于法律职业道德的高要求应是必然的，在初任法官养成的过程中，必须重视职业道德的培养。

第五章　初任法官养成机制的域外考察及启示

各个国家及地区都有不同的法官教育培养模式，培养兼具理论素养和职业技能的法律人才。无论是大陆法系还是英美法系国家及地区，在法官养成机制构建上的一些做法与经验的背后存在一些共通的理念，各国和地区也因政治、经济和文化的发展水平的不同而各具特色。

第一节　英美法系国家初任法官养成机制考察

英美法系国家的法官培养倾向于从狭义的角度将法官的养成看作职业教育和实务操作的结果。这些国家往往没有环环相扣的法官培养体系，而是更注重在法官培养过程中实践和经验的重要性。

一、英国初任法官养成模式

在英国从事法律职业不需要专业学历背景，其采用的是在职训练制度。在职训练包含部门法学习和职业实践训练两个阶段，其间需要通过两次司法考试。通过第二次考试后才有资格以见习生的身份跟随出庭律师进行为期一年的学习；见习结束并通过职业考试后须担任法官的助手进行学习，至此才有资格成为一名律师。[1]英国没有设置专门培养法官的教育机构，而是由律师公会完成对法官的职业教育，这种行会式教育模式高度集中和垄断，注重情事理论和学术训练及法律职业教育、实务技能训练。英国法官几乎都是从英国律师公会的成员即出庭律师中任命的。

英国对法官候选人的要求极其严格：必须要有极高的判断能力，在分析问题时沉着而稳重；具备较强的法律理论基础和丰富的实践经验；对社会问题具有较高的敏锐思维能力；做事应该低调而谦逊，而不浮夸；最为重要的是应具备社会责任感。一般对于这样的聘用主要是通过全国性期刊、报纸上的公告。想要进入法院做法官助理要经过提交申请、填写相关表格的完整程序，经过有关部门严格审查，最优秀或最适合的申请者会收到通知参加面试。申请者的年龄一般在35周到55周岁之间。但是这个要求也不是绝对的，如果在法官的同意下，申请者的年龄可以在范围之外。较高的申请条件并未使对此职位的竞争变小，反而因为每年的聘用名额较少而导致竞争更加激烈。因而极少有人在40周岁之前能被任命为法官。一般情况下，有7年以上出庭资历的律师才能任地方法院法官（不含“治安法官”）；有2年以上高等法院法官资历或不少于15年的出庭律师资历才能任高等法院的法官。在被任命为法官时，他们精准掌握了法官需要的专业知识，并已获得丰富的审判实务经验。

在英国，负责法官培训工作的司法研究委员会设立了专门负责初任法官培训和现任法官进修的组织，[2]主要开设了初任法官标准就职班课程和专、兼职法官定期进修班课程，并负责培训一些特别专题和出版法律书籍、指导材料。随着人口老龄化的加剧，英国早时期出生的那一代司法官

---

〔1〕 陆晓燕、张琨：《论我国“法律学徒式”法官助理制度的构建——以法官精英化的实现为视角》，载《中国应用法学》2017年第5期。

〔2〕 ［美］格伦顿等：《比较法律传统》，米健等译，中国政法大学出版社1993年版，第258页。

员基本退休，巨大的知识增量和经验积累逐渐逝去，英国司法机关也经历着一场变革。英国的法官群体在种族、文化、社会和法律背景等方面日益多元化，但在教育背景和司法观念上各不相同。司法研究委员会通过创建“培训护照”来记录法官培训经历并跟踪培训进度，记载法官的培训需求、所学课程、培训收获等情况，见证法官的职业发展历程，开发在职学习模式。

二、美国初任法官养成模式

美国联邦法院的法官助理主要源于法学院的优秀毕业生，并非正式在编公职人员，一般先在联邦初审法院或上诉法院任助理，由联邦法官亲自选聘，期限1—2年，表现优秀者才会被推荐到最高法院担任大法官助理。这些助理工作满2年后必须离开法院，往往经历多年律师生涯后才可能成为联邦法官，与大陆法系国家司法辅助人员的成长进阶之路存在明显区别。同时，美国联邦法院的法官助理主要由法官本人选聘，工作模式主要是跟人而非跟庭，容易与法官形成较为密切的关系，美国联邦法官也特别强调维持与法官助理的亲密关系对司法公正的重要性。需要特别指出的是，虽然美国法官对法官助理的依赖性较强，但助理的实际功能发挥还要因人而定，少数法官只要求助理做研究工作，多数法官要求助理摘述裁判要旨、草拟文书。在案件审理中，助理与法官组成一个团队，助理听命于法官并对其负责，在工作中相互信任、相互配合，在实践中不断成长，也是法律人进阶的重要一站。〔1〕

美国联邦法院各团队之间具有独立性，互不依存和管理。法官全面安

〔1〕 杨永红：《美国法官助理制度的形成历程》，载北京法院网，https://bjgy.bjcourt.gov.cn/article/detail/2014/10/id/1467040.shtml。

排团队工作内容和程序，具有掌控权，形成以法官为核心的审判团队。在具体工作中，法官助理是法官的左膀右臂，稳固法官审判过程中的司法公正和效率。法官作为法官助理的领路人，会指派给法官助理一些重要的日常工作，并对其进行专业上的指导。这种审判中带法官助理成长的工作模式，有利于法官助理在工作岗位上快速成熟。同样，法官助理也会给法官带来不同的法律理念和法律方法，同时对法官起到监督作用。

在较长时期内，美国司法界并不重视法官培训工作，他们认为担任法官的基本上全部是通过严格选拔的精英律师，他们法律功底扎实，且拥有丰富的司法工作经验，不需要再接受培训。1980年，在经历了“诉讼爆炸”后，法官培训逐渐受到重视。美国各高校的本科阶段不设置法律专业，法学教育是从研究生阶段开始的，一般需要获取法律博士学位，或进一步攻读法学博士学位。美国的法律博士或法学博士毕业后必须先从事检察官、律师或法学教学工作若干年，才具备成为一名法官的资格。

美国对法官培训自成体系，独立于法院系统之外，培训机构较多，大多是通过市场化运作，主要有：(1)美国联邦法官中心。设在华盛顿，负责全国新当选的联邦法官的培训。(2)全国州法院中心。设在威廉斯堡，负责各州法院法官的培训，分别在旧金山、新罕布尔什和丹佛设置三个训练中心。(3)全国法官学院。设在内华达州的雷诺，负责初审法院、重罪法院的法官及治安法官的培训。(4)司法行政学院。设在纽约，主要负责对州上诉法院法官、联邦法院法官的培训。此外，各州都有负责培训本州法官的机构。〔1〕

美国有针对性地对法官开展培训工作，对初任法官的培训主要是进行岗位基础教育、个人道德教育、职业道德教育和纪律教育，以保证其可以

〔1〕 周道鸾、王泽农等：《美国的法官制度》，载《法学杂志》1989年第4期。

成为一名公正的法官。培训师资中有很多是离职和现任资深法官，这种师资构成奠定了顺利高效地实施法官培训工作的基础。教学培训方式主要包括提问、互动和案例分析，并且借助互联网开设远程培训课程，满足接受培训人员的不同学习需求。提问式侧重培养思维习惯，锻炼初任法官在高度压力和恶劣的环境下保持冷静思考的能力。案例分析式侧重培养初任法官独立自主进行案件审理的能力，将所学知识灵活运用于审判实务工作中。互动式可以充分调动课堂积极性，提高初任法官缜密思考的能力。师生之间还可以对案件审判的心证过程进行探讨，不断修正各自原有的司法理念和思维方式，在很大程度上保证了法律的统一实施。

三、英美法系初任法官养成模式的启示及借鉴

（一）职前培训层面启示

1.引入社会资源多方参与。美国大部分法官培训机构都是非官方机构，不同培训机构在培训内容及授课方式等方面各有侧重又存在一定的交叉，竞争与合作并存，这种教育模式促使资源实现均衡配置，共同推动司法教育培训良性发展。[1]我国初任法官培养机制的构建可借鉴英、美两国的法官培训经验，设置职前培训阶段，进一步做好任职培训。在初任法官培养机制尝试赋予法官培训一定程度的中立自主性，淡化地域属性，将多方社会资源引进来，鼓励法学院和法律服务基金会等进入法官培训领域，有针对性地开展各具特色的法官教育培训课程，供需要接受培训的法官根据自身发展需求选择。

2.充分发挥审判实务需求导向作用。培训内容和方式更加契合法官职业特点，针对不同地域、不同层级法院制定针对性培训计划，更加突出

〔1〕 章华：《美国法官培训借鉴》，载《民主与法制时报》2016年1月7日，第8版。

审判实践需求，竭力培养出一支专家型、复合型的法官队伍，更好满足当今司法体制改革下法院发展的需要，提高整体司法工作能力。

（二）司法研修层面启示

1. 建立司法教育培训资源共享机制。我国司法恪守制定法及其解释，法官受不同的教育背景和司法经验等个人背景差异的影响，法律适用上的分歧难免存在，“同案不同判”的情况时有发生。在此现实背景下，借助互联网信息化平台弱化地域、领域的边界，在不同法官培训机构之间、法官与检察官培训机构之间建立教育资源共建共享机制，不仅可以降低培训成本，增加司法凝聚力，也有利于从初任法官需求出发有针对性地设置培训课程，使法官助理在接受培训、经过层层选拔走上法官岗位时可以用实际工作促进不同区域、不同审级法律适用的统一。例如，2015年，蚌埠市中级人民法院与市司法局合作，举办“新民事诉讼法司法解释培训班”。最高人民法院4名直接参与司法解释调研论证、撰文统稿的审判业务专家应邀来蚌埠讲学。全市620余名法官和律师利用视频会议系统，共享优质司法培训资源。

2. 组建优良师资队伍。美国法官培训的师资是由经验丰富的在职或退休法官和极少数专业人员组成的专职教师队伍。而我国法官培训工作缺乏专职人员负责，大多是知名政法学院的教授，授课内容理论水平较高，但缺少与实践的结合，无法满足法官学员的职业培训需求。除此之外，基本采用灌输式的法官培训方式，无法充分调动参与者的积极性，培训效果不理想。可以借鉴英、美国家的法官培养采用的互动讨论、案例分析等直观形象的培训方式，培养法官学员善于思考、综合研判的能力，提高培训的针对性和实用性，且及时根据国内外政治、经济等变化合理调整培训内容。

3. 科学设立培训机构。美国的法官培训机构设置在联邦中心和各州，有着规范统一的标准，两级培训机构的设置非常契合美国国情，并且在优秀的管理制度下长期稳定高效运转，不仅能促进国内法律适用的统一，也使各州可以结合当地具体情况选择培训内容并设置相应形式的课程。英、美两国的法官培训机构都承担着科研、培训等多种职能，不同机构间在业务范围上也都各有侧重，是集法官教育培训、学科研究、政策咨询等功能的综合法律服务机构。我国的法官教育培训机构主要是国家法官学院、省级法官学院、地市级培训中心，此外各级法院政治部也兼具本院法官的培训职责。国家法官学院应在此基础上加强分类指导，设立规范培训标准，同时综合考虑地区经济社会发展状况、不同岗位、不同地区人才需求差异等因素，有序有效组织实施法官培训工作，提高培训的针对性和实效性。

第二节　大陆法系国家和地区的初任法官养成机制考察及启示

大陆法系国家和地区的法律人士倾向于从广义的角度谈法官培训，法官通常被认为是有计划的教育或培养的结果。

一、德国初任法官养成模式

德国法学教育完全归属国家管理，大学的法学院都是国有的。在德国，法学本科学历、两次的国家司法考试、两年的见习期、三年以上的试用期是成为一名法官的必要条件。法学院大学本科阶段结束的标准是通过特定学科的初、高级考试后再通过第一次司法考试（州初试）。德国属于联邦体制国家，所以该国的司法考试是各个州自行组织开展的，为了保障考试标准统一，由联邦、州两级司法部建立的联席会议将考试事宜纳入会议商谈的内容之中。[1]第一次国家司法考试通过后将进行为期两年的见习培训阶段，该阶段以实践为导向。德国《法官法》将普通管辖法院的民庭、检察官办公室、律师事务所及特定的行政机关列为见习阶段的强制培训机构。各州按照《法官法》还规定了如联邦或州的公证机关、行政法院、劳动法院、工会等选修机构，在强制培训机构见习完成后候补法官必须从中选择一到两个机构进行至少四个月的培训。

德国各州的见习培训阶段设置大致相同，在强制培训机构的见习具体分为四个阶段。(1)民事法院，为期7个月。和正式法官一起工作，负责判决及其他法律文书的草拟、书写工作，还可以在法官的监督与指导下主持庭审。(2)检察官办公室，为期三个月。与检察官一起工作，书写检察建议和公诉书，也可以在检察官的监督下参与庭审。见习人员对于一些简单的案件可以检察官的身份完成案件开庭审理工作。(3)律师事务所，为期四个月。年轻的法律人员又被称作见习律师，从事包括诉讼代理等各种法律事务，但是不能代理法律规定具有完全资格的执业律师才能进行的由地区法院审理的民事案件的诉讼。(4)行政机关，为期六个月。培训的重点是书写法律意见和草拟行政决定或法令。在强制培训机构见习期满后，受训人员将开始预备服务阶段，从各州规定的选修机构中选择一至两个作为一种临时性的公务员接受四个月以上的培训。第一次司法考试合格的人员在见习培训阶段可领取一定的报酬。[2]

---

〔1〕 关毅:《德国模式的法官成长之路》，载《法律适用》2008年第5期。

〔2〕 贺利研:《德国法官的招录与培训制度》，载《中国审判》2007年第7期。

见习培训期结束后，需要参加第二次司法考试（州复试），主要考察法律知识的实际应用能力。通过第二次司法考试后，如果想成为一名法官，须先向司法部申请，法官选任委员会将根据面试和考察情况推选法官候选人，候选人名单由州司法部长确认并正式予以任命。任命后都会被分配到基层法院做三年见习法官，见习法官是职业法官生涯的起点，相当于法官的试用期。

见习法官在审判工作中的职责和正式法官一样，若被任命为独立审判员，则要完成大量庭审准备工作，并独自对案件进行审理。为此，基层法院为见习法官安排了实践技能方面的专业培训，课程包含基础知识培训和专业知识培训。基础知识课程侧重一般司法审判工作的审理思路、审判技巧、工作压力控制等内容；专业知识课程涉及与专门法院处理的特殊领域案件有关的专业问题。除了工作中的培训，联邦和州都有自己的法官学院，联邦和州司法部每年都会根据具体情况制定法官培训计划。除了安排对新法的培训，还会组织研讨会对审判实务操作中遇到的典型性和普遍性问题进行剖析；有时也会签署协议对联邦和州都有兴趣的课题在一起开展教育培训工作。短期问题研讨培训一般是1—2周，培训的方式是事先将讨论的题目分派到各州准备，在研讨会上大家自由发表观点进行讨论。某些时候法官学院也会邀请专业人员对讨论内容进行讲解，培训费用全部由官方经费负担。

二、法国初任法官养成模式

在法国，通过国家法官学院的招生考试是成为一名法官的必经之路。法国国家法官学院以上一年全国法官的缺岗数为依据确定当年的招生人数，通过招生考试即相当于获得准法官资格，将进入国家法官学院进行为期31个月的带薪岗前培训，由为期25个月的一般培训和为期6个月的特定岗位培训组成，所有费用都由国家财政负担。[1]法国法官学院主要培养学员理解适用法律的能力和深刻理解社会生活的能力，培训主要包括基础理论知识学习和实习两部分，其中实习的比重达七成。

一般培训分为三个阶段，依次为非司法机构实习阶段、法官学院理论学习阶段、司法机构实习阶段。第一阶段，准法官们进入法官学院后要先到不属于司法部门的企业、行政机关等机构实习两个月，目的是加深准法官们对社会的了解，使其能够站在社会角度重新审视法官职业。第二阶段，回到法官学院进行七个月的理论知识学习，在充分学习部门法的基础上进行审判技能、职业纪律等方面的学习。这一阶段侧重训练准法官们的原理性思维方式，在处理案件能够正确地适用法律。第三阶段，在司法部门的不同法官岗位上实习16个月，每个岗位的实习都安排了指导法官，准法官在指导法官的监督下完成庭审、书写判决等司法审判工作。这一阶段中准法官们也会到律师事务所、警察局、监狱等地观瞻学习。在一般培训阶段，法官学院和实习单位会定期对准法官们进行考核，考核成绩不好的将被淘汰。完成一般培训后，准法官需要回到法官学院参加毕业考试。每年司法部都会对全国范围内当年需要法官的具体地区和岗位进行汇总，准法官们按照毕业考试的成绩高低依次选择法官岗位。在法官职位确定后，准法官们开始特定岗位培训，在司法官学院完成两个月的特定岗位理论学习后，再次前往司法部门进行四个月的法官岗位实习。

在31个月的岗前培训中，理论学习与岗位实习反复交错进行，社会生活大视野与法官职业专业化密切结合，这些准法官们在毕业时即已经基本可以独立办理案件了。准法官毕业后，经司法部长推荐，由总统任命为正式法官。在入职前准法官们需要签一份至少在法官岗位工作十年的保证

〔1〕 林娜、钟贝:《法官养成机制的重构》，载《人民司法》2021年第4期。

书，否则需偿还国家在其岗前培训期间支付的费用和工资。

三、日本初任法官养成模式

在日本，法官培训工作由类似于法官学院的司法研修所负责，该所由日本最高法院成立。司法研修所对师资的要求极其严格，除一些法学教授和专家学者外，基本上都是由具有15年以上法律工作经验的法官、检察官或律师担任。日本对法官的培训一般为5—7天的短期培训，培训期间全日本的法官必须前往司法研修所进行封闭式集中培训，所有费用全部由研修所负担。培训内容由教师根据国内审判实务需求确定，对此并没有具体的规定。

日本的大学法学教育不仅用以培养法律职业人才，很大一部分法学专业毕业生会成为警察或企业雇员，大学教育侧重学生对法律基本原则的认知和理解，基本不会涉及法律的适用问题。因此，法学专业学生毕业后如果想从事法官、律师等法律职业还必须接受专门的培训，即进入司法研修所接受进一步的法律培训，日本研修所的学员为进行在职培训的法官和通过司法考试并被研修生接纳的人员。从研修所完成培训课程的毕业生被任命为判事补，最初会被安排到较大城市的基层法院担任两年的陪席法官。期满后，大部分将被调到其他地方法院或家事法院担任三年的陪席法官，其间在地方法院的有权办理保全、执行类案件，在家事法院的可以审理少年案件。担任陪席法官工作满五年的判事补经特别任命可与实任法官拥有一样的司法权限；再工作满十年后，可被任命为实任法官。[1]

〔1〕 傅郁林：《以职能权责界定为基础的审判人员分类改革》，载《现代法学》2015年第4期。

四、我国台湾地区初任法官养成模式

我国台湾地区从法官招录任用、培训进修、管理考评等方面对法官培养机制进行了长期探索，取得了一定成效。

2011年以前，我国台湾地区通过特考选任法官，“朝出学校，暮为法官”的情况较为普遍。这些刚毕业就成为法官的年轻人缺乏历练，对所习得的法律知识理解得尚不透彻，也没有审判实务经验，司法工作能力普遍不高。为改变这一弊端，我国台湾地区在继承大陆法系法官培养制度的基础上，从法官招录任用、培训进修等方面进行了长期探索，取得了一定的成效，并在2011年确立了多元进用制度。[1]多元进用制是在考试录用的基础上，逐渐加大从检察官、律师、知名学者等法律领域内优秀人员中遴选法官的占比，进用方式灵活多样，包含自行申请、公开甄试和“司法院”推荐，以实现改变法官队伍内部构成的目的，整体提高法官队伍职业水平。

我国台湾地区准法官职前培训的时间由其法律工作资历决定。通过司法考试后进入法官学院学习的培训期限是两年，通过遴选成为法官的工作时间越长培训期限相对越短，培训期限分别为75周、52周、17周。职前培训结束后，工作经验少的还需要再经过六年的历练才能被正式授予法官职务，工作经验丰富的仅需两年甚至是一年。一部分人在此培训过程中会被淘汰。[2]

司法官考试无论是形式还是内容都具有较强的综合性，考试共进行三场，考试合格后进行为期两年的职前培训。职前培训较考试更具综合性，因为不仅要学习基本法律知识，还要了解行政机关和民营机构的运作；之

〔1〕 赖浩敏：《法官多元进用制度之近况》，载《人事月刊（台北）》2014年第350期。

〔2〕 蒋惠岭、杨奕：《台湾法官选任的“双轨制”》，载《人民法院报》2014年7月11日，第4版。

后开始研习审判实务，最后将学员分配到各地方法院见习。见习完毕后再次进行考试，分为综合测验和面试两场进行。另外还需要参加法律实务总结课程，夯实学员司法实务工作的综合能力，使初任法官都能具备很强的理论功底和实务能力。通过司法官考试并完成职前培训后，司法主管机构还要对学员们再次进行考核，考核合格并经审查通过的学员才能被授予法官职务；考核不合格的要在两年内再次接受考核、审查，最后还不合格的予以解职。就职业道德而言，从招录开始个人的道德素养就是一个重要的选拔标准，考试、遴选合格后的培训中也将法官道德纳入考核标准之中，在其成功就职在任法官后，则要面对更高的道德标准和更严格的监督。〔1〕对法官实际办案能力和职业道德的注重已成为台湾地区司法领域的焦点之一。

五、大陆法系初任法官养成模式的启示及借鉴

（一）选拔层面启示：改革转轨应适度

我国通过考试和遴选两种途径选任法官凸显了法官多元进用的特点，目的是建成一支内部结构协调合理的高素质法官队伍。最高人民法院的选拔试点得到优秀律师和学者的响应，如上海二中院也有收入过千万的律师转任法官的案例，但这些普遍是转任到稀缺的高级审判岗位上，不可能大范围普及适用。在司法审判责任和薪酬待遇等现实问题没有得到妥善处理之前，对从律师、知名学者等法律职业领域内选拔优秀人才加入法官队伍的效果不宜盲目乐观。因此，初任法官培养机制中从外部选拔法官只能适度转轨，尽量避免类似我国台湾地区大幅度减少考试录用人数、提高遴选法官占比的激进做法。外部选拔只能渐进，应进一步完善考试招录制

〔1〕 吴佳桦：《司法与不信任：轮法官全面评核制度》，载《法学论著（台湾）》2013年第6期。

度并作为法官培养机制中准入的主要方式。

（二）职前培训层面启示

重视职前见习培训。司法审判具有很强的技术性，对法官职业能力要求极高。在德国、法国和日本必须经过严格的司法考试和专业的职业见习培训才能真正步入法官岗位。在大学法学本科教育完成后，紧接着进行法律职业的见习培训，有助于培养和考察有志从事法律职业工作人员的综合工作能力和道德操守等；也让年轻的法律人接触和了解各种法律职业的工作内容、收入等情况，客观全面地制定个人职业规划，选择适合自己并能为之长期坚持的工作部门及岗位。职前见习结合了对法官培训和选拔，有利于提高准法官的综合职业素养，积累实践经验，提高实务能力，在任职后能够更好地开展司法审判工作，积极实现法律价值，也有助于法官队伍的长期稳定。

（三）司法研修层面启示

1. 充分发挥各级法官培训机构作用。德国、法国、日本在法官培养中各培训机构分工协作、各有侧重，我国目前仅制定了法官培训工作的总体规划目标，没有明确划分各级法官培训机构的具体职责。实践中各级培训机构开设的课程和培训内容大体一样，无法契合法官培训各个阶段的现实需求。法官培训机构应严格落实意识形态工作责任制，加强对师资、课程等方面的审核把关，推动高层次法制人才队伍建设，深化人民法院与高等学校、科研所交流合作，将丰富生动的审判实践转化为深化教育改革创新、提高法官素质能力的教学资源。

2. 大力支持法官培训改革并投入充足经费。在德国、法国和日本的法官培养模式下，政府负责推行相关培训政策、教学大纲，并几乎负担法官培训过程中产生的所有费用。在校学习、见习培训等法官培养阶段，法律中均明文规定特定法院、检察院、行政机构、律师事务所有接收学员进入实习和培训的义务。这一系列做法确保有志成为法官的法律人有充足的机会获取宝贵实践经验,夯实对所学法律知识的理解和运用能力。

(四)考核层面启示

1.注重综合素质提升。各级法官培训机构在进行法官培养工作中应明确规定坚持以政治能力、职业道德素养、司法能力培训为重点,并注重综合素质等方面教育培训,目标明确、重点突出,形成一套适应当下司法改革体制下法官培养模式的教育培训方案体系,进一步提高法官教育培训工作的规范性和有效性。

2.建立淘汰机制。我国台湾地区法官培养模式的实践证明,通过考试、遴选等方式选用新的法官进入司法审判队伍的同时还需适度比例淘汰那些不适合法官工作的人员,使法官队伍在动态中实现最优配置,以提高法官队伍整体素质和业务能力,保持健康和活力。因此,可以通过建立完善的初任法官淘汰制度与培养制度相配套,将法律职业考试、职前培训、在职培训、淘汰机制等环节形成开放有序的活力体系,为初任法官培训机制研究提供更多思路。

第六章　我国初任法官养成机制的科学构建

第一节　机制构建的环境分析

目前，我国法官员额制改革在各方共同努力下业已顺利完成，有关进一步完善法院人员分类管理制度、加强履职保障体系建设等综合配套改革正在协调推进，在不断深化司法体制改革的同时，亦在全面巩固已有改革成果。但应清晰意识到，法官员额制改革完成后，仍有诸多突出问题亟待解决。尤其是法官员额制改革完成后，我国原有助理审判员制度退出历史舞台，使原有法官养成机制在司法实践中归于消灭，理论上亦将难以自洽。

最高人民法院四五改革纲要明确提出要"建立分类科学、分工明确、结构合理和符合司法职业特点的法院人员管理制度"。人民法院工作人员根据顶层设计的分类方案被划分为"员额法官"、"审判辅助人员"和"司法行政人员"三大类别。其中，法官助理则被明确定位为"审判辅助人员"。〔1〕2018年12月4日《最高人民法院关于进一步全面落实司法责任制的实施意见》明确指出要"积极研究建立法官后备人才培养体系……创新完

〔1〕 最高人民法院司法改革领导小组办公室编著：《最高人民法院关于完善人民法院司法责任制的若干意见》，人民法院出版社2015年版，第153页。

善法官助理培养模式，符合条件的法官助理可以申请参加法官遴选”。该意见的出台使我国法官助理在原有“审判辅助人员”职能设计之外又行增加一项新的职能，明确其为员额法官的储备人才，实质是明确法官助理亦需承担起初任法官的养成职能。[1]因此，当前我国法官助理实际承载着二元职能：一是法官的助手亦即审判辅助职能；二是初任员额法官的养成职能，法官助理系员额法官的“蓄水池”。

法官助理制度改革在以员额制改革和审判权运行机制改革为核心的整个司法改革体系中发挥着承上启下的关键作用。作为人民法院员额制改革的重要综合配套制度，法官助理的功能定位以及具体配置模式至关重要。如何实现法官助理二元职能的相互兼容与良性互动，促其二元职能均能有效发挥作用，是本轮司法领域综合配套改革亟须思考和解决的问题。2014年启动本轮司法体制改革之前，我国法院系统初任法官的培养模式为从书记员到助理审判员再到审判员的进阶式，绝大部分初任法官都会经历此以上三个阶段的学习和培养，在每个阶段中通过具体司法实践熟悉和学习相应的司法业务和技能。这当中，先前的助理审判员在司法实践中实际上扮演着“限权法官”的角色。但是，近年来随着“案多人少”的矛盾加剧，助理审判员制度设计的初任法官培养功能被异化为主要用于解决人案矛盾，被社会各界所诟病。实际上，先前的助理审判员制度最初的设计是以积累实践经验为实质内容的法官“梯队”进阶机制，而不是为了有效缓解法官不足的问题。[2]在诉讼案件爆炸式增长形势下，诸多法院尤其是基层法院根据2006年的《法院组织法》第36条规定，立足于助理审判员的职责定位“协助审判员进行工作”，在“由本院院长提出，经审判委员会通过”的情况下，“可以临时代行审判员职务”等相关规定下，将刚出大学校

〔1〕 李骊：《基层法院编制内法官助理制度的困境与对策》，载《西南政法大学学报》2019年第3期。
〔2〕 蒋惠岭：《论法官培养制度的改革》，载《人民法院报》2011年4月8日，第5版。

门进入法院工作一年左右的（通过司法考试）干警仓促任命为助理审判员，继而将他们推向审判一线，让其以代理审判员的身份开始独立办案，以缓解“案多人少”矛盾，实则背离了助理审判员制度设计的初任法官培养职能定位和初衷，一度引起社会各界诟病。有学者撰文指出，“中国培养法官最快一年仍供不应求，质量引发担忧”，[1]认为在“案多人少”的现实困境下，诸多新任法官以及许多年轻的代理审判员都是勉为其难、仓促应战，缺少必要的经验历练与司法能力。[2]

此轮法官员额制改革以后，我国初任法官养成路径中删除了“助理审判员”过渡环节，变成了当前“法官助理—员额法官”两阶养成模式。众所周知，我国法官员额制改革实施以后，先前是助理审判员而取得员额资格的审判人员均由同级人大常委会任命为审判员，这就意味着员额制改革完成以后，我国独立办案法官的起点即为审判员，而不能再是助理审判员。即使业已被任命为助理审判员的原审判人员，若没能获得员额法官资格，应根据规定转任到法官助理等司法辅助人员岗位或司法行政人员岗位。尤其是2019年《法官法》修订，更是直接删除了助理审判员的相关条文内容，至此，我国的助理审判员制度在法律层面上正式退出历史舞台。应该说，此系立法层面对我国法官员额制改革给予的支持和呼应，但助理审判员制度的取缔带来原有法官养成机制中助理审判员“协助审判员进行工作或临时代行审判员职务”之具体实践层面养成环节的中间断层。

当然，我们一方面应理性地看待原有的“书记员—助理审判员—审判员”初任法官养成机制在实践中所异化成的一种“表里不一”的模糊培养路径，直面社会各界对其诟病与批评。另一方面也要清醒地认识到，随着

〔1〕 董瑞丰：《中国培养法官最快一年　仍供不应求　质量引发担忧》，载《决策探索（上半月）》2011年第11期。

〔2〕 杨汉平：《司法特性决定法官培养路径》，载《人民法院报》2014年3月28日，第7版。

法官员额制全面实施而助理审判员全面退出历史舞台后，以前这种“表里不一”的模糊培养路径亦已不复存在。如果不尽快对当前初任法官养成机制予以深层次研判并进行相应科学构建，我们的法官养成机制将面临从法官助理一步到位成为员额法官的“断崖式”角色跨越。实事求是地讲，如此与我们员额制改革的初衷和本意肯定是背道而驰的。〔1〕

本轮司法改革，先前业已把高校教师以及优秀律师等法律职业者列为员额法官选任的重要渠道，但实际效果并不理想。有学者指出，我国法官助理目前二元职能定位难题源于我国法官当前所具有的双重性质。员额制改革实则确立了我国法官“精英化”的改革思路，此改革思路要求：一要根据设置的员额法官比例精简法官，确保法官队伍优质精干；二要有效剥离出与审判权核心职能即与判断权无关的相关审判辅助职能，设置法官助理这样的司法辅助岗位承接这些辅助工作帮助精英法官实现“精英化”。从当前实践来看，各地从优秀律师、学者中遴选法官数量还很有限。员额法官主要来源还应系法院系统通过公务员考试等方式获得中央政法编制的法官助理。〔2〕

“法律的生命不在于逻辑，而在于经验”。〔3〕审判经验的积累离不开“亲历”，司法审判工作无疑带有十分鲜明的实践理性色彩。法官的具体司法审判技能包括但不限于对具体案件的法律事实作出判断、评判运用证据，对具体法条规则的适用、相应法律文本的分析、法律程序的运用，法律推理、对指导性案例的识别以及必要时对法律漏洞补充等综合技能。虽然可以通过庭审观摩学习或者专门的职业培训来熟悉案件审理流程，但具体

〔1〕 林娜、钟贝：《法官养成机制的重构》，载《人民司法》2021年第4期。

〔2〕 囿于研究篇幅及实践需要，本课题研究范围主要界定为如何从编制内法官助理中养成初任法官。

〔3〕［美］小奥利弗·温德尔·霍姆斯：《普通法》，冉昊、姚中秋译，中国政法大学出版社2006年版，第1页。

的司法审判运用技能绝非一朝一夕练就。正如有学者所指出，试想我们的法官助理始终围绕并从事于司法辅助事务而从来没有机会涉足核心审判工作，若再缺少相关执业经历和专题培训，其将来转任为员额法官后能否立马胜任判断性审判事务就很值得怀疑。从现有法官助理职能范围看，司法辅助性的工作经验难以增加法官助理将来入额的直接筹码，能够完全胜任司法辅助职能的优秀法官助理亦未必必然能够成长为一名优秀的员额法官。〔1〕

总之，我国初任法官养成环境业已发生深刻变化。从制度层面看，司法体制改革现已进入综合配套制度推进期，需要在有效夯实先前一段司法改革既有成果基础上填补各项制度之间的空隙，连点成线、由线成面、组面成体。从实践层面看，由于法官助理制度自身尚不完善，资深法官的示范引领作用尚显薄弱以及现行案件分配与审理模式科学性不足等原因，当前初任法官的养成并不尽如人意。〔2〕全面推进司法体制综合配套改革背景下初任法官养成机制建设，必须进一步优化现行法官助理制度，在赋予法官助理制度初任法官养成功能的同时，亦应为其构建起相对独立的培养体系，从制度、程序和考核等多层面全面立体提升初任法官养成质效。

第二节　机制构建的价值目标与指导原则

习近平总书记对人民法院工作提出“努力让人民群众在每一个司法

〔1〕 李骊：《基层法院编制内法官助理制度的困境与对策》，载《西南政法大学学报》2019年第3期。

〔2〕 徐振华、潘华明、王星光：《当代青年法官养成的系统化机制研究》，载《人民司法》2019年第7期。

案件中感受到公平正义”的司法目标，凸显了人民的法治主体地位，其系植根于中华优秀传统法律文化与当代法治实践，情、理、法三位一体深度融合的理论结晶，亦系践行习近平法治思想人民立场的直接体现。[1]“让人民群众感受到公平正义”的表达更加契合“以人民为中心”的法治发展准则，“公平正义”在某种意义上就是法院供给社会的“公共产品”。基于此，人民法院需要在司法实践中不断更新司法理念，主动站在人民群众的立场，积极在法院的公正司法与群众感知的司法公正之间寻求融合和统一，以司法裁判在合法范围内可接受性优化为路径，推动“公平正义”这一“公共产品”尽其可能满足群众需求，以更好维护社会之整体公平正义。这一司法目标的提出实际也指明了以人民为中心的司法“供给侧”改革方向。基于此，我国初任法官养成机制改革与构建也应“以需求定供应”。[2]岗位有何种职责，就需要培养储备何种素养，初任法官亦应遵循该种需求导向型养成逻辑。[3]当前，我国初任法官养成机制应根据人民群众所期待的司法需求进行相应改革和完善，要具体分析培养一个“能够完成公正独立审判使命”并能够“努力让人民群众在每一个司法案件中感受到公平正义”的初任法官所需要的政治与业务能力、工作经验及素质修养，并予以细化分解，再向养成机制“下订单”，进而制定养成措施与路径，完善落实运行机制，努力培养出符合时代要求,满足人民群众期待的优秀的人民法官。

人永远是第一位的。不能持续培养一支高水准的法官队伍，向社会持续高质量输送司法公正就无法得到保障。特别是在深化司法综合配套改

---

〔1〕 周强:《深入学习贯彻习近平法治思想奋力推动新时代人民法院工作高质量发展》，载《法律适用》2021年第4期。

〔2〕 蒋惠岭:《论法官培养制度的改革》，载《人民法院报》2011年4月8日，第5版。

〔3〕 夏锦文、徐英荣:《法官助理制度改革需求与法治人才培养创新》，载《法学》2017年第12期。

革背景下，如果综合配套的改革跟上了，法官队伍自身建设和培养却“掉队”了，那将是司法体制改革无法承受之殇。很显然，改革者亦深谙此理并作出初步部署。2020年，中共中央办公厅、最高人民法院先后出台关于深化司法责任制综合配套改革的相关重要文件，文件均明确提出健全员额法官遴选制度，继而为建立常态化员额法官选任机制提供了依据，指明了方向。但是，即使是常态化的员额法官选任机制也只是解决了初任法官养成的“最后一公里”问题，若要实现可持续的高质量司法正义供给，则必须针对本轮改革带来的新局势，对初任法官养成机制予以科学构建与完善。实际上，从长远看，只有科学构建起一套适合我国当前司法实践实际的初任法官养成机制，继而源源不断地培养出高水准初任法官，持续不断的高质量司法正义才能得以实现。由此，我们所推进的各项综合配套改革才会显得更加有意义。[1]如果说作为本轮司法改革重要核心内容的法官员额制改革为司法正义供给提供了产生积极效果的“催化剂”，若要有效维持此改革红利，则需依赖于初任法官养成机制的科学建构，为此才能保证可持续高质量的司法正义供给。

法官员额制实属效率型改革，其根据顶层设计在较短时间内遴选完毕并根据设计的新型审判模式全面运行，此种改革路径能够实现法院队伍稳定与新型审判模式的无缝衔接。但基于改革整体效率的考量，短期内较少涉及整个法院队伍活力激发问题，亦无暇顾及初任法官后续养成问题。法治水平与法官的司法能力息息相关，正确认识初任法官养成机制建设与员额制改革的接续关系，在养成机制上务实探索、创新求变，才能保障法官员额队伍的“源头活水”，持续性赋予其生机与活力。在法官员额制运行稳定后，只有构建起科学有效的初任法官养成机制，才能为社会持久地提

〔1〕 林娜、钟贝：《法官养成机制的重构》，载《人民司法》2021年第4期。

供高质量司法产品。

高质效维护社会公平正义是人民法院孜孜不倦的至高追求。法官的司法能力系实现社会公平正义的基础和保障，[1]初任法官养成机制的科学构建与完善更是提升和保证法官司法能力的源头性保障工程，是关乎法官队伍革命化、职业化、专业化、正规化建设的百年大计。为了更持久源源不断地为社会提供更为优质的司法正义，亟须不断深入检视现有的初任法官养成机制，以现行实践和前沿理论为基础，实事求是地大胆推进初任法官养成机制全方位改革，重新科学构建起符合当前司法改革背景下人民法院实践现状的初任法官养成机制，确保优质法官供给的"源头活水""细水长流"，常态化持续不断地培养出能够"努力让人民群众在每一个司法案件中感受到公平正义"的初任法官，以保障司法正义的优质高效持续供给。初任法官养成机制的构建应坚持以习近平新时代中国特色社会主义思想为指导，深入学习贯彻习近平法治思想，全面贯彻落实党的二十大精神，坚决落实习近平总书记对政法工作的重要指示，深化人民法院人才供给侧结构性改革，提高初任法官培养质量。

坚持把政治标准作为第一标准，按照"五个过硬"即政治过硬、业务过硬、责任过硬、纪律过硬、作风过硬总要求，加强对政治忠诚、政治定力、政治担当、政治能力、政治自律等方面的培养与考核，确保所养成初任法官绝对忠诚可靠。遵循初任法官特殊的职业素养、职业能力、职业操守要求，有针对性地加强思想淬炼、政治历练、实践锻炼、专业训练，加大法律职业立场、伦理、技能的培养力度，提高职业素养和专业水平。坚持政法队伍"四化"即革命化、正规化、专业化、职业化要求，努力将每一名初任法官都培养成政治强、业务精、作风正，忠诚、干净、担当的人民法官，为

〔1〕 高仁宝:《推动人民法院工作再开新局》，载《法治日报》2021年7月29日"政法调研"栏目。

实现“努力让人民群众在每一个司法案件中感受到公平正义”目标提供优质人才保障。

第三节　机制构建的功能厘定

此轮司法改革明确法官助理首要功能即系辅助法官办案，进而让法官集中精力行使审判核心职能，即判断权。透过相关改革文件规定可以看出，法官助理的应然职能定位为主审法官好帮手、承上启下关键人。一是向上辅助员额法官办案、向下指导审判团队书记员工作，承担承上启下的关键作用；二是承接诸多审判辅助事务，让法官抽身琐事，集中精力行使判断权；三是拥有良好的工作运行激励机制，推动自身成长。[1]因员额法官通过高校学者及律师等渠道选任的非顺畅性，现在又赋予其初任法官养成之功能。法官助理所承载的二元功能并不完全具有同质性或互补性。法官助理的辅助事务虽然也具有一定的专业性，但呈现重复性、流程化的特征。专业性与程序性远非法官与法官助理的本质区别，判断性才是两者的分野所在。司法审判权的核心属性——判断性主要体现在法官认定案件事实，准确适用法律的过程中。案件事实的认定过程实则为法官心证的形成过程，基于法官各自生活经历尤其是其审判工作经历而形成的经验法则及逻辑法则系法官心证形成的制约和保障。经验法则与逻辑法则并非抽象存在的，它们均需要在具体司法审判实践中不断得以磨练才能准确运用。特别是经验法则，在案件事实认定过程中具有证据能力判定、间接证

〔1〕 李翀：《基层法院编制内法官助理制度的困境与对策》，载《西南政法大学学报》2019年第3期。

据推理、证明力评价等诸多作用，其兼容抽象性与具体性、主观性与客观性，非经一定的审判实践积累难以准确运用。[1]因此，司法审判权的判断权属性决定并要求初任法官养成机制的构建应当充分重视司法审判实践的亲历性，初任法官正确行使判断权能力的养成，必须让其有机会在不断从事判断性活动中得以持续的历练和积累。审判辅助事务的非判断性与法官职能定性的判断性之本质差异导致法官助理审判辅助功能的研习与积淀并不必然对初任法官的养成具有当然的正向效应。现行法官助理职能界定及考核体系实际不能使其有效获得成为一名未来合格法官所需要的全部职业锻炼，让欠缺直接庭审锤炼与判断权锻炼的法官助理直接养成为优秀的员额法官实为一种奢望。能够适应当前形式需要，兼容两种功能定位的新型初任法官养成机制亟须探究。

先前以来，法官助理制度设计始终围绕审判辅助功能展开，对其初任法官养成的定位重视程度不够，形成了二元定位一强一弱的失衡局面。要处理好当前和长远的关系，法官助理既要有效承担员额法官辅助业务，缓解法官压力；又要成长接班，为人民法院工作的长远高质量发展谋划。因此，初任法官养成机制构建的功能定位从宏观上看要兼容二元功能 。应立足于为推动人民法院高质量发展持续满足高素质审判人才供给的认知高度，遵循人才成长规律，立足长远规划，统筹处理好法官助理分担法官辅助业务与推动自身成长的内在辩证统一关系。从微观上看，应增设嵌入法官助理庭审亲历环节，实现司法审判隐性知识及技能的有效传递与学习。要尽最大努力纠偏，但也要防止矫枉过正。一方面，通过机制构建坚决避免回到先前助理审判员养成模式而被异化的老路上去；另一方面，务

〔1〕 高翔：《程序养成型：基层法官养成机制的构建——以候补法官中国化的渐进改革为切入点》，载《法院改革与民商事审判问题研究——全国法院第29届学术讨论会获奖论文集（上）》，第148页。

必增强法官助理对司法审判尤其是案件庭审的亲历性和实践性，整体上有效提升人民法院法官队伍司法能力，努力让人民群众在每一个司法案件中感受到公平正义。

第四节　机制构建的利益衡平

司法体制改革是新形势下加强依法治国建设的重要举措，法官员额制改革在其中扮演关键角色，与之配套的新型初任法官养成机制的科学构建对法官员额制改革的长效推进以及确保实现改革价值目标具有关键性的重要作用。因此，初任法官养成机制的科学构建必须在正确认识此轮司法改革，尤其是在员额制改革价值目标的基础上，根据利益衡量甄别的相关规则，科学厘定可以相容利益之位序，有效嵌入与改革目标相一致的利益，在不相容利益间作出评判和选择，还要将那些与改革目标相背离的利益予以抽离，在此基础上推进实践建构，以有效避免落入认识误区和行动困境。[1]

构建科学合理的初任法官养成机制有三层目的：最直接的目的是为审判事业持续培养优秀的员额法官，推进法官队伍的革命化、正规化、专业化、职业化。第二层目的是综合配套员额制以及人民法院人员分类管理制度改革，持续培养优秀初任员额法官，建设好员额法官“蓄水池”，长效纵深推动员额制改革“有且仅有优秀法官留在审判一线”“让审理者审判，让

〔1〕 郭人菡：《嵌入与抽离：法官员额制改革的利益衡量研究》，载《北京行政学院学报》2017年第2期。

裁判者负责”等改革价值目标实现。第三层即最终目的则是要有效提升人民法院整体司法能力和水平，进一步增强社会公信力，努力让人民群众在每一个司法案件中感受到公平正义。

纵深剖析初任法官养成机制构建的三层目的会发现，从横向看，在新型初任法官养成机制构建过程中，实则涉及法官助理与员额法官等“个体利益”、作为司法部门的法院“群体利益”、案件当事人以及人民群众等“社会公共利益”以及“制度利益”四个层面。从纵向看，实则涉及有效破解当前“案多人少”现实矛盾的眼前利益和助推整个司法改革有序推进、有效实现制度改革价值目标、实现初任法官源头活水、细水长流等长远利益两个层面。

实际上，以上各利益之间存在交错，并非全部都能兼容，有些利益之间恰恰客观上存在冲突和排斥。横向考量的个体利益、群体利益和社会公共利益之间是并列关系，而制度利益与它们之间则系递进关系。当前，该种利益构成要求在初任法官养成机制构建过程中要有步骤地逐层深入，遵循一定的甄别规则，进行综合性系统化的利益衡量，对不同利益予以全面比对、衡量和分析，科学确立妥切的利益抉择，在此利益抉择框架内完善相关运行机制，确保机制构建的科学性、合理性及可行性。其中，制度利益系利益衡量的中心，它直接联结当事人利益、群体利益和社会公共利益。而且，从功能上来看，制度利益的衡量既是判断新型初任法官养成机制构建正当性的实质依据，又是促进所构建机制自身完善的内在动力。尤其是在机制的具体构建中，不应仅将利益的安排和平衡局限在个体利益和群体利益的范畴，而忘却社会公共利益的衡平。制度利益对个体利益、群体利益、社会公共利益有显性体现以及隐性体现等多种形式，对任何一项利益进行取舍，都必须回应正当性追问。

在制度利益中，制度设计直接指向的利益具有判断标准的作用。有效培养合格乃至优秀的初任法官应是初任法官养成机制构建的直接目的，该直接目的所指向的利益具有基准性，也可以称为基准利益；而其他要考量的利益则属于纠偏或曰衍生利益。换言之，基准利益是判断个体利益、群体利益、社会公共利益和制度利益等这些利益选择位序及嵌入或抽离的基准。利益衡量是新型初任法官养成机制构建的中心环节，但其最终目的则是要做到利益衡平。所谓利益衡平，是指依据各利益的界定以及各利益价值衡量结果，决定各利益的最终协调和取舍。利益衡平切不能简单地等同于利益平衡。从传统理论上理解，各不相同的利益之间特别是诸多所谓“善”之利益之间会存有相容性。由于各层次内部之间以及各具体利益之间既存在相容性也存在不相容性，因此，不应简单地衡量几个层次利益之间的孰轻孰重，而应依照如比例原则等在内的利益衡量准则，予以充分的权衡与比较，其中的取舍规则或曰取舍标准异常重要。在初任法官养成机制科学构建过程中，要始终围绕“制度利益”这一基准利益，运用科学的甄别规则，全面厘清可相容利益之间的位序，在不能相容利益之间作出价值衡量和抉择，对于各种会损害基准利益的具体利益要予以抽离，最终将有利于基准利益最大化的利益组合有效嵌入机制构建。〔1〕

图6-1梗概但清晰地展现了初任法官养成机制构建融入此轮整个司法改革所要考量的基本利益及其之间的相互影响关系。当然，为描述方便，图6-1采取典型举例的形式予以说明，难以囊括所要考量的全部利益要素。就各典型利益之间的关系及相互影响，虚线箭头表示两者之间存有一定冲突，难以兼容，机制构建时则需基于价值评判予以取舍；实线箭头表示两者之间利益可以兼容，机制构建时则应予以统筹考量，尽最大努力兼

〔1〕 郭人菡：《嵌入与抽离：法官员额制改革的利益衡量研究》，载《北京行政学院学报》2017年第2期。

顾各可兼容利益。当然，个体利益、群体利益和公共利益均需在制度利益即基准利益划定的能动区域内实现最大考量值；否则，会不当挤压其他利益空间。例如，即使最应考量的公共利益之长远利益，也要理性考量当前司法实践现状。基于我国当前实际，设计初任法官养成机制，既要充分考虑整体提升法官队伍司法能力，也有必要考虑法官队伍的稳定和长远发展问题；既要考虑被养成对象庭审亲历等高层次司法能力培养，也要实事求是直面“案多人少”矛盾等问题。

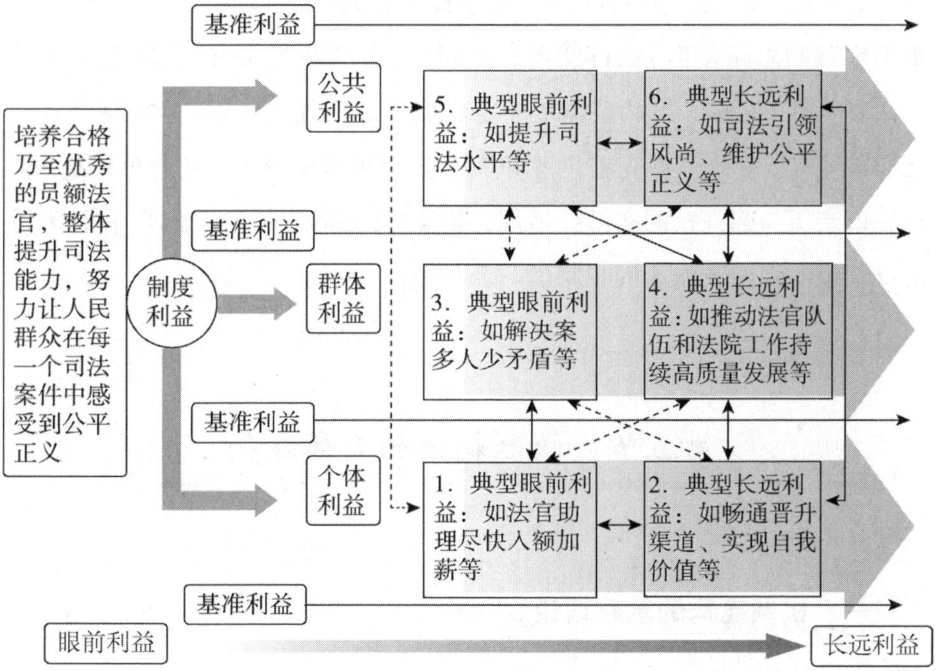

图6-1　初任法官养成机制构建利益衡平关系

图6-1同时呈现了机制构建所要考量利益因素及改革方向的路线图。如图6-1所示，虽然“1个体眼前利益”与“3群体眼前利益”之间存在兼容关系，但该两类利益与其他利益之间却均为冲突关系。因此，其在机制构建中不应作为直接考量因素，只应作为最后的兼顾利益考量要素。而“2

个体长远利益”“4群体长远利益”“5公共眼前利益”“6公共长远利益”则清晰地呈现机制构建考量利益路线图，这些利益都是初任法官养成机制构建过程中应予统筹考量、给予兼顾的重要因素。

综上所述，初任法官养成机制构建利益衡平关系启示我们，可以针对被养成对象即法官助理构建分段分层初任法官养成机制，兼容法官助理司法辅助和初任法官养成二元职能，在现有法律框架下，实施高级别法官助理的“实践共同体”审判模式养成举措。即高阶法官助理可以跟随员额法官一起开庭，全程参与案件庭审；经员额法官允许，可以参与案件调查，初步拟定裁判思路，实习性行使司法判断权；草拟裁判文书，报同堂审判员额法官复核、发布。虽然整体上一定程度增加法院工作量，但能够兼容二元职能定位，有效发挥先前助理审判员制度的原有优势，又避免诟病，实现庭审亲历与裁判权的实习性适用，兼容“师徒培养”模式优势，有利于司法审判隐性知识及技能的观摩学习和传授。

第五节　机制构建的具体路径

一、机制建构的基础理论

（一）标准化理论

1.标准化理论的引入

美国著名管理学家“科学管理之父”温斯洛·泰勒最早在《科学管理原理》一书中提出了标准化理论。传统意义上所讲的标准化是指在科学、技术、经济及管理等社会实践过程中，针对实际存有或者所潜在的问题制定能够重复使用的共同规则的活动。推行实施标准化的重要意义在于策略性地改进产品、过程以及服务的通用性，着力于提高标准化对象的有序化程度，继而寻求功能发挥的最优效果。标准化作为组织社会化设计的重要手段，其系实现科学化管理的基础。[1]

标准化在各个行业中的概括性特征有以下几点。一是系列化，主要是指对同一类产品或者服务过程的发展规律予以分析研判，对需要的尺寸、结构及参数等做出合理安排，予以科学规划；二是统一化，主要是指在同类事物和工作中规定统一的质量要求；三是规格化，主要是指产品包括广义的服务过程走标准化生产路线，继而避免造成不必要的错误，带来不必要的损失；四是规范化，主要是指选择性技术的质量标准化形式。[2]

标准化理论的核心要旨在于，在探索总结和积累经验的基础上，把非系统化的规范和制度以及零碎的工作经验加以总结和提炼，旨在形成统一明晰而具有较强可操作性的系统化操作标准。标准化理论主要用于具有重复性的事物生产抑或行为执行。在人类文明发展进程中，标准化理论正在发挥着愈加重要的作用。[3]

2.标准化理论引入机制构建的必要性证成

司法活动虽然各具差异性，如每一案件的事实及法律争议都不会完全相同，而是各有特征。但是，小到每一起具体案件的审理，大到宏观的司法决策，也都有其共通性，它们都包含有诸多共性的工作内容。例如，审判实践中客观存在大量的“类案”，它们一般情节相近、法律适用基本相同。再如，每一起案件都需立案、开庭（诉前调解结案的以外）、法律适用、文书制作、送达等环节。正是这些共同性为标准化在司法领域的适用提供

〔1〕 高憬宏主编：《人民法院司法标准化理论与实践》，法律出版社2017年版，第14-15页。
〔2〕 高憬宏主编：《人民法院司法标准化理论与实践》，法律出版社2017年版，第13-14页。
〔3〕 李春田主编：《标准化概论》，中国人民大学出版社2014年版，第5-21页。

了空间。实践中，天津市高级人民法院等部分司法机关业已积极开展探索司法标准化建设工作。[1]

此外，标准化理论在人力资源管理培训领域也早有运用。初任法官养成从某种意义上讲也是一种“生产过程”，合格乃至优秀的初任法官正是养成机制所要生产的“产品”，同样可以实施标准化“生产”。在初任法官养成机制构建过程中引入标准化理论绝不是为了盲目追求理论创新，而是将该理论进一步有效运用于人力资源管理培训领域的具体体现，其系司法标准化建设的重要内容。将标准化理论引入初任法官养成机制构建具有人力资源管理培训标准化和司法标准化之双重合理内核，具有丰厚的实践经验和稳固的理论基础。初任法官养成机制的标准化构建契合当前实践的现实需求，初任法官养成机制的构建涉及诸多环节、人员，大力推进标准化构建工作，能够有效保障整个养成程序的过程规范、统一和高效。一方面，通过科学制定、统一颁布和有效实施相应标准，将部分优秀法官的个体性司法经验与技能提炼总结为统一、明确、显性化的规则经验，实现优秀司法经验与技能的有序传承。如此，既能够更加集约化和高水准地发挥资深法官的特有优势，又能够更加高效地满足初任法官有效提升具体司法实践能力的养成目标与需求。另一方面，初任法官养成机制的标准化构建以规范养成活动的需求为出发点，旨在建立相对稳定有序的初任法官养成秩序，使新型初任法官的各项养成活动在科学、有效、精细的标准指引下运行，提升其统一性和权威性，更利于所构建机制的规范化复制和推广。[2]

---

〔1〕 高憬宏主编:《人民法院司法标准化理论与实践》，法律出版社2017年版，第58-63页。

〔2〕 吴云、王宗冉:《基层法院法官培养机制标准化路径探析》，载《东南司法评论》2019年第12期。

（二）工作场所学习理论

1.工作场所学习理论的引入

工作场所学习理论起源于20世纪90年代的美国和欧洲人力资本理论。该理论强调，工作场所同时更是一种有效的学习环境，它不仅包含有一定的物理空间环境，也包含有组织环境、社会环境以及文化环境。学习者通过在工作场所中的工作实践来具体获取、创造、迁移以及重构自己已有的知识体系，从而在具体真实的工作实践中发展自身工作所需要的胜任力和技能。[1]与传统的学习和培训形式相比，工作场所学习有其自身特点，它本质上强调在参与真实工作任务并在获得熟练成员直接或间接指导的过程中获得知识和技能。[2]工作场所学习理论有机结合了个体的工作者角色与学习者角色，其更加关注的是被养成者硬核能力的培育。

工作场所学习理论最核心的观点包括：（1）工作场所本身就是一种重要的学习与发展环境。“工作场所也是学习发生的环境”，该观点是工作场所学习理论的逻辑起点。事实上，任何工作都是需要不断加强学习的，各项工作硬核技能的有效学习与提升通常也都发生在工作过程之中，这种内在的联系客观存在于工作实践与学习之中。工作场所为个体提供了真实的工具、条件以及学习的环境抑或情境，在真实工作场所的具体工作实践中推动学习者获得关于工作最硬核的经验和技能，并能够同时为他们构建从事各自职业所需要的职业认同、职业习惯、职业精神及修养等。（2）工作场所学习理论认为，学习的本质体现在具体的职业工作即社会活动参与中。学习蕴含并发生在工作的具体问题解决情境之中，在与职业同事的交

---

〔1〕 李茂荣、黄健：《工作场所学习概念的反思与再构：基于实践的取向》，载《开放教育研究》2013年第2期。

〔2〕 周涛：《工作场所学习概念的解读与思考》，载《职业技术教育》2011年第7期。

往沟通之中，在工作经验的逐步积累之中。正是基于以上工作中的学习过程，继而使个体获得适应职业工作所需要的硬核技能。(3)促进学习者向其工作的过渡是工作场所学习的核心价值。学员在工作场所的学习过程中也是全职员工，他们的学习内容以及学习项目都有机地渗透在具体工作场所中，可以同时有效满足组织的培养目标和学员的学习需求。工作场所的学习在培养学习者即员工技能的同时，还能够培养他们的态度品质，促使学习者即员工新的角色的生产和转变。(4)工作场所学习理论高度强调学习的过程要基于工作过程中"正式"与"非正式"的交互混合作用。对于学习者即员工的最硬核工作经验与技能的发展而言，要求他们不仅要真正参与到真实的工作情境之中，还要深度地学习、理解、整合实践知识、理论知识以及自我管理知识等内容。就工作场所学习而言，其并非一个单向的过程，而是学习者在具体工作场所中相互之间交互作用的过程。〔1〕

2. 工作场所学习理论指导下"情境实践"养成模式的构建与证成

编制内法官助理将是初任法官的主要来源，何以有效实现从法官助理培训到初任法官养成的深度转型？结合法院工作实际及特点，调研组基于工作场所学习理论提出"情境实践"初任法官养成新模式——在被养成对象即法官助理培养过程中融入工作场所理论，构建法院所自有的初任法官养成新模式。主要指紧密结合人民法院的审判实践，将初任法官的培养目标、培养内容、师资安排及时间部署、考核管理等深度融入法院真实的司法审判工作情境中，开展专业的职业化训练，促使被养成对象即法官助理通过完成日常审判辅助等工作任务，在真实工作实践中与员额法官以及其

〔1〕 谭娟：《嵌入式初任法官培养模式的建构初探——基于C市的个案研究》，载《中国法学教育研究》2020年第1期。

他同事进行合作交流，增强个体自身对司法职业和身份的深度理解与高度认同，促使其养成应有的司法品格、良好修为以及审判思维，逐步学习积累司法经验及技能，建构司法审判工作所应具备的知识框架，以全面提升司法能力与水平，推动个体自身角色从高校毕业生到法官助理最终到精英法官的生产与转变。

初任法官“情境实践”养成模式具有以下显著特点：一是高度重视职业能力的生成。以培养职业能力与工作胜任力为目的，将职业能力养成的本质还原于被养成对象即法官助理具体的工作实践过程中，注重通过具体工作问题的亲历性解决获得所需的职业技能与经验。二是学习的开展立基于真实的工作场所。初任法官养成所需的资料由其自身真实的审判实践工作场所予以提供，主要课程和师资等均有效融入该真实的工作情境。推动被养成对象即法官助理“在做中学”“在学中做”，既能有效获得真实工作经验，提升其业务技能，又能促进他们养成应有的良好工作习惯，增强职业认同、职业修养及品质精神。三是基于“正式”与“非正式”的互动。被养成对象即法官助理将来成长为初任法官所需要具备业务技能正是在与员额法官或其他同事“正式”或者“非正式”的多种交往沟通中，在具体解决工作问题的情境中予以习得。四是渐进式转变被养成对象即法官助理角色。注重在真实工作情境中培养法官助理的态度品质，增强职业认同感，提高工作责任感，增加场所归属感，促使其向着目标新角色即初任法官予以渐进地生产和转变。〔1〕

遵循工作场所学习理论构建初任法官“情境实践”养成模式契合目标，符合实际。

---

〔1〕 谭娟:《嵌入式初任法官培养模式的建构初探——基于C市的个案研究》，载《中国法学教育研究》2020年第1期。

第一，初任法官“情境实践”养成模式与初任法官养成目标高度契合。从法官助理到员额法官身份的转换，培养必备的审判经验与司法能力、司法修养与司法品格最有效的途径莫过于真实的审判实践。法官助理只有通过亲历司法实践特别是真实的审判工作，“他们才开始懂得法律的现实动作程序，才开始形成相同的法律思维和理念，才开始与法学家及纯粹法学拉开距离，才开始接受法律职业的行为准则”[1]，方算成为一名合格法官。初任法官“情境实践”养成模式立足于职业技能培养以及职业角色转变的养成目标，将真实的工作任务作为整个初任法官养成机制构建立基的主体，审判技能及经验的生成，思维、认知与品格的转变均无形蕴含于“在学中做”“在做中学”的循环往复之中，其高度契合初任法官养成的目标和初衷。

第二，初任法官“情境实践”养成模式有利于克服法官助理当前培训问题。初任法官“情境实践”养成模式立足于法院真实的工作场所，将法院工作与职业培养完全融合。初任法官“情境实践”养成模式可以有效克服助理审判员退出历史舞台后给当前初任法官养成工作所带来的成长路径新变化，它基于真实的司法实践工作需要设计培养内容，被养成对象即法官助理具体的工作要求与培养效果考评指标高度一致，培训载体借助具体工作任务，可以有效克服法官助理培训与工作时间冲突、培养内容与培养目标脱离、培训与工作“两张皮”等现实困境。

第三，初任法官“情境实践”养成模式符合法院工作实际。当前各级法院均受到不同程度“案多人少”矛盾的冲击，特别是广大基层法院尤为突出。初任法官养成若能最大程度地减少对审判工作正常开展的影响，

---

〔1〕 范愉：《中日两国司法改革的比较研究——兼谈法律职业精英化与法律教育的几个问题》，载何家弘、胡锦光主编：《法律人才与司法改革——中日法学家的对话》，中国检察出版社2003年版，第35页。

应是实现机制运行效益最大化的理想追求。“情境实践”养成模式核心优势就是将养成过程融入真实的工作实践情境，坚持“在学中做”“在做中学”，实现人才养成与工作实践的双重效益。初任法官“情境实践”养成模式能够有效兼容和调适工学矛盾，高度契合基层法院初任法官养成和审判工作现实需要。基层法院应会成为初任法官“情境实践”养成模式最直接的受益者和最强有力的推动者。

（三）实践共同体理论

1.实践共同体理论的引入

“实践共同体”的概念最早出自莱芙和温格《情景学习：合法的边缘性参与》一书。实践共同体理论认为，学习发生在个体学习者实践参与中，学习行为并不只是局限地存在于与实际情境相脱离的学校教室中，而且这种实践参与是必不可少的。拥有共同愿景和共同目标的个体予以聚集，分享知识、学习经验，共同寻找方法来提高自我的实践群体即为实践共同体。“学习者不断参与相应实践的过程，既是其专业或职业不断成熟的过程，亦是其社会身份不断增进的过程。”[1]实践共同体为个体之间的合作学习提供了一个全新的视角，被广泛应用于教育学习、组织设计和项目发展等多个领域，其被视为有效提高个体以及群体专业化水平的有效方式。领域、共同体和实践是实践共同体构建所必须要满足的三个基本要素。这三个要素相辅相成，缺一不可，三位一体才能有效构建实践共同体。“领域”这一要素表明实践共同体以人们共同关注和热爱同一领域的事情为基础，以人们共同的职业兴趣领域为标识，将“领域”内外的人有效区分开来，界线十分鲜明，人与人之间所构建的简单的联系网络并不能称为实践共同体。“共同体”主要指拥有相同职业兴趣的个体成员在参加

---

〔1〕 叶海龙：《“实践共同体”及其对教师专业发展的启示》，载《当代教育科学》2011年第8期。

具体实践活动时，能够共享信息，相互取长补短。“实践”主要指拥有相同职业兴趣的个体成员在相同领域内协同开发诸如工作方法、工作经验以及问题解决方案等资源的行为，亦即共同实践。在共同实践过程中，共同体中的个体成员既是实践共同体群体形成的推动者，也是实践共同体群体活动的具体实践者。实践共同体的有效构建需要持续的专业互动和长期的时间积淀，为了实现领域、共同体和实践这三个要素，实践共同体成员需要在具体实践中开展三种活动——合作事业、相互参与、共享资源。其中，合作事业对应领域要素，系指有相同职业兴趣领域的人们为了一个共同目标和共同愿景，集思广益，同力协契。相互参与对应共同体要素，指共同关注和热爱同一领域的个体参与到共同体中，彼此之间开展互动式学习，共同提升专业化水平。共享资源则与实践要素相对应，主要指开发出的物质资源及精神资源将被共同体的个体成员所共享。共同体个体成员共同思考可以有效推动实践共同体蓬勃发展，共同理解即奠基于共同思考，实践共同体个体成员之间就同一问题予以针对性的共同思考，能够相互引导和启发，推动共同反思，进而有效寻找问题解决方案，最终达到个体及群体共同发展的目的。〔1〕从实践共同体理论这一新的视角，可以帮助我们有效寻求和理解如何推动被养成对象即法官助理自身专业发展的新路径。

2.“实践共同体”审判模式的蚌埠法院实践

法官助理的专业发展与具体司法实践密不可分，任何脱离具体司法审判工作，脱离法院发展实际，忽视被养成对象即法官助理所面对司法案件的个性化、多样化的学习与研究都是毫无意义的，也难以真正承载起法官助理制度所应承载的初任法官养成功能。法官助理真正渴望的学

〔1〕 贾雪姣：《欧洲教师教育者实践共同体：要素、样态与特征》，载《中国轻工教育》2021年第5期。

习与发展是能有助于解决他们在现实司法实践中的困难与问题，使他们能够“在做中学”“在学中做”。因此，在司法实践中开展初任法官养成，探索推行以“司法实践为本”的初任法官养成机制是非常明智和务实的选择。

安徽省蚌埠市中级人民法院及禹会区人民法院等辖区基层法院，在开展案件科学繁简分流的基础上，对原先的助理审判员因员额法官比例等因素影响转任为司法辅助人员的经验型法官助理，以及进院经过3—5年司法实践历练的经验型法官助理，采取“一名法官＋一名经验型法官助理”的形式，编入相对固定的审判团队，将分流出的简单案件分配给经验型法官助理，由其在员额法官指导下，先行开展庭前调解、证据交换、无争议事实固定等工作，对调解不能的案件及时开庭审理。员额法官与经验型法官助理同堂开庭审理案件，经员额法官许可，经验型法官助理可以参与案件事实调查，在全程参与案件开庭审理的基础上，由经验型法官助理先行实习性行使司法判断权即先行研判案件裁判思路与结果，草拟裁判文书，报同堂审判之员额法官复核，修订、完善、定稿、署名、发布。

蚌埠市中级人民法院所践行的“实践共同体”审判模式之初任法官养成范式具有以下特点：一是具有紧密性。经验型法官助理在员额法官身边一对一模式下同堂审案，并接受员额法官直接指导，在这个过程中碰到任何问题都可以寻求员额法官的精准帮助，并可以对具体案件一同庭审，随同观察揣摩，反复实践学习。二是具有亲历性。在“实践共同体”审判模式下，员额法官对审判技艺的传授不再是简单的言语说教，而是将审判经验在与经验型法官助理一同办理具体案件过程中予以“身教”，员额法官在这种亲身参与的过程中更有利于发现经验型法官助理办案的问题或疏漏，进而进行有针对性的指导和校正。简而言之，员额法官与经验型法官助理“师徒”之间不再是单方向的输出与输入，同堂审案的亲历性确保了“教”与“学”之间的良性互动。三是具有潜移性。员额法官与经验型法官助理之间的帮教过程会持续较长时间，会共同办理一定数量的案件，案件的积累伴随着时间的弥散会使经验型法官助理对员额法官“师傅”的信赖和尊重得以持续升温，会在潜移默化中转化为审判技艺上的自觉模仿和升华。同时，经验型法官助理除了从员额法官“师傅”身上学到审判技艺，还能学到他们在司法办案乃至为人处世中的道德准则以及应有的司法良知，进而培养出他们对法律的忠诚度、对同事的凝聚力、对法院的归属感。事实上，蚌埠市中级人民法院所践行的“实践共同体”审判模式之初任法官养成范式既能承载员额法官“师傅”刻意的指导和传授，也能实现经验型法官助理“徒弟”与“师傅”一同审案的近身观摩，通过日积月累、潜移默化，真正实现对审判经验和技艺更高层次的意会领悟与传承。

该“实践共同体”审判模式之初任法官养成范式能够帮助经验型法官助理在无形中实现审判综合能力的自然提高，可以在客观上超越经验型法官助理以前在学校所学法律知识体系和共性审判经验，让他们重新认识并塑造符合审判工作实际境况的经验法则和逻辑思维，继而形成最能与审判实践需求相迎合的专门技能、方法以及思维模式。该“实践共同体”审判模式之初任法官养成范式不仅可以科学有效培养初任法官，其背后反映的更是对司法规律的尊重、对司法审判经验知识尤其是往往会被忽略的隐性知识及技能的坚守与传承。对经验型法官助理而言，这一养成范式可以让他们少走弯路，及时避免错误，确保案件审判质量，提升办案自信，并强化他们对法律的忠诚，其系有效实现人民法院法官队伍革命化、正规化、专业化和职业化的真正坚守和践行（参见图6-2）。

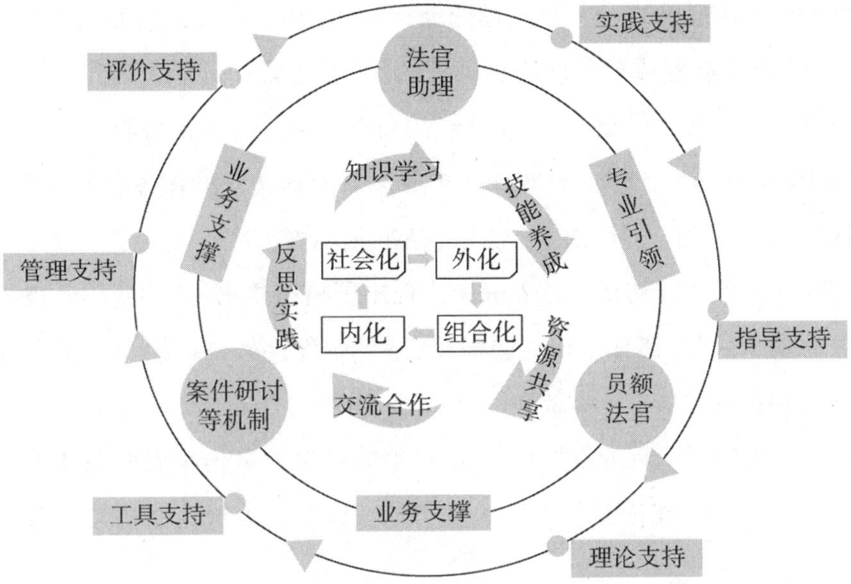

图6-2　“法官助理+员额法官”实践共同体运行机理

(四)最近发展区理论

1.最近发展区理论的引入

苏联心理学家维果茨提出过一个重要概念——最近发展区理论。维果茨认为,最近发展区理论就是实际的发展水平与潜在的发展水平之间的差距。实际发展水平根据个体独立解决问题的能力而定;潜在的发展水平则需要在他人的指导或者在与更有能力的同伴合作时被进一步激发而出。最近发展区理论为人力资源培训提供了发展的可能性,主张人力资源培训应当一直走在被培训者现有水平发展能力的前面,要为其创造最近发展区,促使他们在各自的发展区内得到发展。同时,最近发展区理论认为,每一位学习者在学习相关知识和提升相应技能的过程中,客观上都各自存有一个最佳的时间期限,而在这一最佳期限内,知识的学习抑或技能的获取都是最容易把握的。[1]这一理论也为人民法院在初任法官养成机制构建中，促进每位被养成对象即法官助理的差异化发展、分层化培养提供了切实可行依据。因工作经验、学历层次、性格特点、学习领悟能力等方面差异，初任法官养成工作应有效探寻被养成对象即法官助理各自的“最近发展区”，向针对性、多层次、个性化、精准化培养转变。实际上，最近发展区理论对人民法院初任法官养成工作提出了更高要求，既要明确各被养成对象的基本情况，诸如工作经验积淀、基础条件、学习接受水平、综合能力展现上存在的差异，又要做到因材施教、分层分类推进，以便准确掌握每个被养成对象的“最近发展区”，寻求他们各自的最佳发展期限和养成效果。最近发展区理论对于人民法院初任法官分层养成机制构建具有重要的指导意义。

2.最近发展区理论指导下分层养成的价值分析

所谓分层就是根据个体现有的工作经验、能力水平以及潜力倾向等因素，科学地把他们分成各自水平相近的不同群体并予以区别对待、因材施教。[2]初任法官分层养成，就是根据被养成对象即法官助理的各自能力状况、工作经历等将其划分不同类别，分层次因材施教，推动被养成对象即法官助理的专业化成长，促进人民法院司法工作的持续高质量发展。

(1)分层养成机制符合初任法官养成规律

事物发展有其自身客观规律，一般是由低到高、循序渐进。此轮司法改革业已明确法院司法人员仅分为员额法官、审判辅助人员和司法行政人员三类，而审判辅助人员中并无改革之前的助理审判员以及学界所呼吁的

---

〔1〕 夏霜:《基于最近发展区理论对隐形动态分层教学策略的探究》，载《基础教育研究》2017年第15期。

〔2〕 曹荣娟、李琪、孟祥云:《分层培养模式在医院药师培训中的应用》，载《医学信息》2019年第3期。

限权法官抑或司法事务官之类的职位设计。当前，简单照搬国外司法改革模式，在我国审判辅助人员中增设司法事务官抑或限权法官的做法并不现实，因为这样做会突破“重大改革要做到有法可依”的底线。这一改革思路实际上已经涉及国家审判权具体运行主体的调整问题，涉及此轮司法改革整体价值目标的权衡问题，可谓影响重大。但现实存在的问题是，在现有制度框架内，我国编制内法官助理承载了司法辅助与初任法官养成的双重功能，但是法官助理的单独序列及其现有辅助职能并不能满足初任法官养成的全部需求。初任法官养成机制的科学构建，应重点考量一名法官助理在成长为员额法官过程中如何实现从司法辅助事务到判断权行使之核心审判事务的飞跃。在分层的基础上，赋予高阶法官助理参与案件审理的权利，予以其实习性行使裁判权的机会应是当前理性与适度的选择。对接当前被养成对象即法官助理的分级管理制度，通过机制构建为不同级别的法官助理赋予不同的工作职责，将不同级别的被养成对象进行分层培养。如刚毕业即进入法院的较低级别法官助理应从熟悉书记员工作开始；在熟悉书记员工作的基础上继而从事审判辅助事务，全面了解审判流程及环境；经过一定司法实践历练的较高级别的法官助理则编入实践共同体审判团队，参与案件审理，与员额法官一起开庭审案，出具案件初步裁判意见，由同堂审案员额法官审核署名发布，赋予这些较高级别法官助理实习性行使裁判权的机会。如此，亦符合由简单审判辅助工作到案件审理的渐进式初任法官养成基本规律。

（2）分层养成机制可兼容法官助理二元职能

我国法官助理当前需要承担起审判辅助和法官养成之双重职能的历史使命。但是，基于制度设计之初主要针对审判辅助职能的初衷，无论是理论界还是实务界，先前鲜有对其初任法官养成功能的重点关注和论述。前已述及，先前主要围绕法官助理的审判辅助职能展开制度设计，对其初任法官养成的职能定位并未引起应有的重视，客观上形成了二元功能定位“一强一弱”的失衡局面。当前，因为还有不少先前有着多年审判经验的助理审判员等待入额，“一强一弱”定位失衡的弊端并不会立即显现。但从长远看，未入额助理审判员存量必将会随着时间的推移而逐步减少并消失，初任法官养成职能定位的弱化弊端将会随之逐渐凸显，这会从根本上影响法官精英化的实现。我国的法官助理制度鉴了美国的一些相关做法，因此，部分学者也多拿美国法官助理制度来论证“我们应该如何”。但是，美国从律师中选任法官是其主要途径，他们初任法官的直接来源并非法官助理。美国法官助理职能定位仅是职业化的审判辅助人员，他们在法院历练一两年后，大多数会离开法院从事律师职业抑或寻求其他发展机会，这与我国编制内法官助理在职业晋升通道上具有明显差别。“目前，我国员额制法官的地位并没有在社会中获得广泛的认同，其职业尊荣感并不高于大学教授，其经济待遇更与执业律师存在天壤之别，因而这一职位很难吸引到足够的大学教授和资深律师。可以预见，在相当长一段时间内，具有法律教育背景的法官助理将是我国员额制法官的主要来源。”〔1〕。若在具体机制构建中不能立足我国国情，一味借鉴美国等做法，则难以实现我国初任法官养成的艰巨任务和历史使命。我国当前法官助理审判辅助与初任法官养成二元功能并不具有完全的同向性，仅承担审判辅助事务的现有职能设计无法涵盖其二元职能定位所需的全部职业锻炼，从长远看，必然影响此轮司法改革法官精英化预期目标的实现，有必要研究建立我国特有的初任法官分层养成机制，即经过初级、中级、高级三个阶段的培养，在高级阶段嵌入“实践共同体”审判模式，赋予制度应有的初任法官养成功能，推

〔1〕 瓮怡洁:《论法官助理制度的功能定位与职权界分》，载《政法论坛》2020年第2期。

动被养成对象即法官助理最终成长为一名合格乃至优秀的初任法官。[1]如此，则可有效实现法官助理二元功能的协调匹配与兼容。

（3）分层养成机制有利于合理人才梯队形成

初任法官分层养成机制立足于被养成对象即法官助理现有工作经历、职业经验及工作能力，通过多维度衡量予以分层次培养，从不同层次的分组中确定不同阶梯的培养方略，进而有针对性地立体化培养其专业技能。分层养成模式相对于单一培养模式来讲，能够树立更加多元化的养成目标，确立不同层次的成长和发展方向，促进被养成对象更加个性化和阶梯式成长。这样的研究落实在司法实践需要之上，并回归法院司法实践需求之中，有利于人民法院合理人才梯队的有效形成。

二、“情境实践”分层养成机制的标准化构建

1.养成目标的标准化设定。从法官助理到员额法官的角色转换是一段理性思辨与实践历练相互交织的艰难过程，[2]初任法官养成目标的标准化设定应侧重于法官助理政治能力以及司法能力等综合素质的养成，为法官队伍的革命化、职业化、正规化、专业化作好铺垫。

（1）全面提升政治能力。初任法官养成机制的构建应坚持以习近平新时代中国特色社会主义思想为指导，深入学习贯彻习近平法治思想，教育引导被养成对象即法官助理拥护中国共产党领导，拥护社会主义法治，始终把握正确政治方向，深刻领悟“两个确立”的决定性意义，增强“四个意识”、坚定“四个自信”、做到“两个维护”，提高政治判断力、政治领悟力

〔1〕 李志增、李冰：《内生型塑造：法官助理三阶式养成路径探析——基于审判辅助事务与初任法官培养模式的契合》，载《中国应用法学》2019年第4期。

〔2〕 吕忠梅：《论法律实践理性养成与法学教育改革——以建立专门法官培训体系为视角》载《湖北经济学院学报》2010年第3期。

和政治执行力，矢志不渝做中国特色社会主义法治道路的坚定信仰者、忠实实践者。

（2）全面培养职业伦理。加强理想信念教育，深入开展社会主义核心价值观教育和社会主义法治理念教育，培养知荣辱、讲正气、作奉献的人民法官。坚持严明党纪国法与职业纪律相结合，以忠诚、为民、担当、公正、廉洁为主要内容，强化法律职业伦理训练，完善职业道德评价机制，培养法律职业人员树立崇尚法治、恪守良知、理性公允的职业品格，精益求精钻研业务的专业精神。

（3）全面增强业务能力。聚焦能力短板，强化案例和实践教学，通过专业思维的培养、专业方法的掌握、专业技术的运用，提高法律职业人员的法律政策运用能力、重大风险防控能力、复杂事件处置能力、群众工作能力、科技应用能力、舆论引导能力，确保参训人员尽快实现从熟悉法学理论知识到熟练掌握法律实务技能的转变，提高专业化水平。突出业务实战实训，将被养成对象嵌入司法审判各环节、各流程，确立各环节养成内容重点，建立全程动态考核考评机制，建立健全被养成对象全程考评档案，实行教、学、练、战一体化养成模式，在员额法官师傅指导下，主要通过参与业务实践，提高被养成对象的实战能力。〔1〕

建议推广安徽省蚌埠市中级人民法院融合政治与法治双重内涵的“双治讲堂”轮训经验做法，常态化开展轮训，推动被养成对象即法官助理政治素质和业务能力“双向融贯式”提升，教育引导被养成对象将党性原则贯穿于法院工作始终，从有利于党的领导、国家安宁、人民福祉高度发挥司法职能作用，在每一起案件办理中都树立系统观念，统筹考量，努力在

〔1〕《关于建立法律职业人员统一职前培训制度的指导意见》，载《法治日报》2022年3月15日，第3版。

法律规范范围内寻求裁判“最优解”，力求情理法融合，领风尚固民心，保障人民幸福，社会安定。教育引导被养成对象更加清醒认识人民法院既是国家审判机关，也是群众工作部门，务必继承发扬党的优良传统和作风，永怀人民法官最高贵的道德感召，满腔热情为人民群众排忧解难，努力把司法过程变成一种人文关怀，力求每一起案件办理都结果公正、过程温暖，让法治阳光照亮社会每个角落，将党的宗旨意识实打实融入司法实践。〔1〕

2.养成内容的标准化设定。从中央层面的文件规定看，2017年1月份，中共中央印发了《关于新形势下加强政法队伍建设的意见》，该意见对政法干警履职能力提出了四个方面的要求：司法专业能力、群众工作能力、科技应用能力、社会沟通能力。习近平总书记对司法权是判断权作出清晰界定，同时提出“努力让人民群众在每一个司法案件中都感受到公平正义”的司法目标。司法活动从根本上说就是一个判断、抉择和说理论证的过程，其不仅是审判者依法建构法律事实并依法选择法律规范的过程，也是司法者引导案件当事人理性认识法律事实、更好理解法律规范的过程。而合理的抉择与评判必须建立在准确判断的基础上。〔2〕因此，判断能力、说服能力是每一位法官必须具备的前提性能力要素，培养能够“努力让人民群众在每一个司法案件中感受到公平正义”的初任法官，应在熟识法律知识的基础上重点培养以下司法能力：

（1）司法程序能力。主要包括依法辨别与选择诉讼程序、庭审驾驭、依法询问调查及取证等能力、审限与效率的管理能力，以及依法引导各方诉讼当事人在法定诉讼程序内及时有序完成相关诉讼事项的能力等。

（2）事实认定能力。主要包括依照法定程序，从具体案件事实中有效

〔1〕 高仁宝：《推动人民法院工作再开新局》，载《法治日报》2021年7月29日“政法调研”栏目。

〔2〕 季金华：《司法权威的文化建构机理》，载《法律科学（西北政法大学学报）》2013年第6期。

提炼法律事实，结合证据，准确认定案件事实。具体包括案件争议焦点提炼整理技术、证据审查认定、举证及证明责任分配，综合运用证据及经验法则等裁剪、认定案件事实等能力。

（3）法律适用能力。主要包括裁判思路的养成，围绕具体案件的诉讼请求找法，有效筛选应适用的法律规范，亦包括特殊情形下法律解释方法的评判与选择以及法律漏洞的科学填补能力，制作裁判文书，综合立体展现对案件整个诉讼程序、事实认定、法律适用的心证历程等能力。

（4）审判技艺能力。包括法律思维能力以及群众工作能力，具体包括将经验法则、社情民意等多元化融合思辨以及开放包容的审判思维，把握社会大局的能力，有效协调各方利益的社会沟通能力，有效倾听的能力和亲和力，力促裁判符合公众司法期盼的能力，案件管理能力以及审判团队分工协作与配合的能力等。

（5）综合素养能力。主要包括对法律的信仰与忠诚、独立的司法人格、司法调研能力以及科技应用能力、人文修养与司法伦理以及司法工作作风等。还包括面对案件审判过程特别是庭审过程中的突发状况，良好的心理抗压及情绪管理能力等。〔1〕

3.养成方式的标准化设定。以工作场所学习理论为指导，突出实战性、亲历性、有效深度融入人民法院工作实践，强调“在做中学”“在学中做”，强化审判技艺及审判经验隐性知识的传承与养成，应主要采取以下几种标准化养成方式培养初任法官：

（1）融入工作实训。坚持“在做中学”“在学中做”原则，在具体实践中完成养成目标设计的真实工作任务，将其作为主要的初任法官养成方式。把整个养成的核心真正融入真实的司法工作任务情境，让被养成对象

〔1〕 崔永峰：《法官司法能力的养成》，载《人民司法（应用）》2017年第13期。

即法官助理通过这种参与工作实际训练的方式，在亲身经历并真实融入各审判环节程序性及实体性事务处理过程中获得经验知识和技能。同时，针对被养成对象社会实践与阅历相对不足问题，建议推广安徽省蚌埠市中级人民法院在基层村居、社区挂牌设立“半日法庭”融入基层一线这样接地气锻炼青年干警的经验做法。组织被养成对象即法官助理依托社区“半日法庭”——“一线群众工作实践基地”深入基层，走进百姓生活，嵌入式融合基层治理，为群众“蹲点”提供面对面、零距离、多元化纠纷解决方案，科学治理诉源，推进强基促稳，同时接地气融合增强被养成对象的法律、习俗与道德等司法审判所需背景性社会生活常识，有效提升其综合利用各种背景性社会常识实现司法裁判合法性与可接受性有机统一的高水平司法能力。〔1〕

（2）基于实战模拟。在实战基础上，搭建训练平台，安排资深法官主持开展互动性研讨，注重审判工作规律性总结，以庭审模拟、案例研讨为主要形式，训练被养成对象裁判思维，帮助被养成对象有意识整合知识、技能，集约化加快综合审判能力提升。

（3）“实践共同体”嵌入。审判工作直接面对千变万化的具体案情，若要保证案件审判质量，必须将法律专业知识与具体审判实践紧密结合，而保证两者有效结合的基本条件则系审判者需要拥有足够的审判工作经验。〔2〕建议推行安徽省蚌埠市中级人民法院及禹会区人民法院等辖区基层法院的经验做法，即“一名员额法官+一名经验型法官助理”的形式，编入相对固定的审判团队，通过“实践共同体”审判模式，将经验型法官助理

〔1〕 武新邦、李庆、王宏礽：《安徽蚌埠：“半日法庭”走进社区》，载《人民法院报》2021年8月4日，第4版。

〔2〕 徐振华、潘华明、王星光：《当代青年法官养成的系统化机制研究》，载《人民司法》2019年第7期。

初任法官养成职能有机嵌入真实的工作场所，予以实战训练。将分流出的简单案件先行分配给经验型法官助理，由其在员额法官指导下开展庭前调解、当事人接待、证据交换、无争议事实固定等工作。对庭前调解不能的案件及时开庭审理，员额法官与经验型法官助理同堂开庭审理案件。经员额法官许可，经验型法官助理可参与案件事实调查，在全程参与庭审基础上，由经验型法官助理实习性行使司法判断权即先行研判案件裁判思路，草拟裁判文书，报同堂审判员额法官复核修订、完善定稿、署名发布。实现经验型法官助理“徒弟”与“师傅”同堂审案的近身观摩、日积月累、潜移默化，继而更好地真正实现对审判经验与技艺的更高层次的意会领悟与传承。

（4）对接集中培训。集中讲授或曰集中教学可以快速、经济地实现静态显性知识的传递。对接《关于建立法律职业人员统一职前培训制度的指导意见》和《人民法院初任法官职前培训实施办法》，选派有一定审判实训基础的遴选入额法官参加岗前集中培训。结合参训对象前期参与办理案件的实践经历，采取案例教学等形式，推动参学对象通过对真实案例的剖析与归纳，进一步提升对现行法律条文正确理解与适用能力，将学校原有以法律概念、原则、制度和理论等为主体的专业知识结构转换为以现行法律条文为主体的知识体系，适应审判实践需要，重构初任法官法律专业基础，提升初任法官实践理性与实践能力。

（5）搭建交流平台。依托学习强国、钉钉、微信等搭建学习交流平台，组织开展基于集中培训、审判实训等所遇问题、疑惑、感想等内容的互动交流与沟通，推动被养成对象获得群体观念、群体思维和文化，扩大视野，提升人文修养，推动被养成对象形成职业认同和职业归属感。

4.养成层级的标准化设定。司法审判工作经验与技艺需要通过实践历练和训练，经由熟悉直至习惯之过程才能获得。因此，应将真正从事过法律实务工作的人员作为初任法官的主要来源。“书记员—法官助理—法官”在横向上构成法院系统并行的人员分类管理序列，而其又从纵向上构成初任法官成长的职业阶梯。[1]从法官助理工作的具体实践出发，为其划分渐进式的成长阶段，进而寻求其司法辅助功能与初任法官养成功能的交集，可以有效融合法官助理二元功能定位。

为科学设计被养成对象即法官助理的成长阶段，首先有必要对审判工作事务予以科学认识和分类。此轮司法改革正是以司法权的本质属性即判断权的重要性程度为依据来进行司法事务及人员划分的，将与判断权行使紧密的事务化分为审判核心事务，将其他事务归入审判辅助性事务。又有学者将体现判断权性质的审判核心事务再细分为高判断性事务与低判断性事务；而低判断性事务又可以细分为司法程序性事务、专业技能性事务以及司法智识性事务。司法程序性事务是指有利于审判核心事务顺利推进的相关程序性事务，如下发开庭传票、通知当事人、收发传递相关材料等。专业技能性事务是指不与核心审判事务直接关联诸如庭审记录、案卷整理归档等纯专业的业务性事务。司法智识性事务是指与审判核心事务密切相关，对法律专业知识要求较高的实体性事务，如协助参与案件调解、草拟裁判文书等。以上三类事务相互穿插于诉讼程序推进过程中，并不存在明显而严格的阶段性区分。

基于以上对司法审判事务的科学分类，立足于有效推动法官助理司法辅助与初任法官养成二元职能融合，调研组遵循循序渐进的人才培养规律，对被养成对象即法官助理成长阶段规划如下：[2]

---

〔1〕 袁青峰、李岳：《法官助理制度在基层法院的实践与思考——基于优化司法程序构造和完善司法组织设置的双重视角》，载《上海法学研究》集刊（2019年第12卷总第12卷）——闵行区法院卷，第172页。

〔2〕 李志增、李冰：《内生型塑造：法官助理三阶式养成路径探析——基于审判辅助事务与初任法官培养模式的契合》，载《中国应用法学》2019年第4期。

（1）初级成长阶段——熟悉程序性业务

①时间安排：1年左右

②养成内容：该阶段因法官助理大多刚进入法院工作，对各项具体工作以及流程都很陌生，可以安排他们灵活性地承担一些事务性工作。可安排半年左右时间让法官助理先代行书记员职务，参与庭审记录、卷宗整理等单项辅助工作，以便快速熟悉工作流程，了解法院工作，为后期职业发展打下基础。

在代行书记员职责能较为全面了解法院工作流程后，初级成长阶段的法官助理在法官指导下主要学习送达、通知、沟通等基础性、程序性辅助事务以及内勤等工作。该阶段，囿于法官助理们的资历及经验，不宜安排其承担诸如协助主持调解、草拟裁判文书等司法智识性事务，以保证审判辅助质量。

③合理性论证：前文述及，法官助理的实际使用模式包括政治部门统一管理使用、编入庭室统一管理使用、编入团队管理使用等多种形式。出于法院实际工作以及人员安排等因素的综合考虑，实践中的多种管理使用模式或将长期存在，基于现实需求灵活掌握使用方式更是实事求是原则的最好体现。假想把法官助理“一刀切”全部编入审判团队，直接辅助法官个体并一对一接受法官指导，全部直接承担核心辅助工作予以使用和培养是不科学不合理的。针对司法实践以及法官助理成长的多元需求，更加可行的方案是科学划分法官助理的成长阶段，针对不同成长阶段特点及其成长规律委之以不同的工作职责和内容，规划阶梯渐进式的各不相同的养成重点。针对刚进入法院工作的法官助理，将其试用期设定为初级成长阶段，安排他们在代行一段时间书记员职责，掌握一定诸如庭审记录、案卷整理归档等“专业技能”的基础上，承担部分程序性事务，重点熟悉法院工作流程，为下一步初任法官养成打好基础高度契合循序渐进的人才养成

规律。

（2）中级成熟阶段——学习智识性技能

①时间安排：1—2年

②养成内容：在经历初级成长阶段后，有意识地按照后备法官人选来培养和使用法官助理，将其编入合议庭或者跟随独任法官，成为法官的核心助手，并通过跟学带教逐步培养成为法官的后备力量。在目前任命的法官助理中，也可以遵循这一思路，择优挑选出一部分资历较深、能力较强的法官助理，特别是有审判经验的原有的助理审判员来承担核心辅助事务。他们在承担司法程序性事务之外，开始承担司法智识性事务，在员额法官指导下，主要学习协助组织证据交换、调解、调查、核对、收集相关证据、草拟阅卷笔录、审理报告、裁判文书等辅助工作。从事综合调研工作的法官助理学习草拟综合文稿、课题、调研文章、案例写作等内容。中级成熟阶段的法官助理从事审判辅助性事务工作，重在培养普适性规范和基础性审判技能，该阶段也可以采取轮岗方式，让其在民事、刑事、行政、执行等业务部门接触各种类型案件。

③合理性论证：法官助理的重要功能之一就是有效承接从员额法官处所剥离的审判辅助事务，解放员额法官，使其更加集中精力行使好司法判断权，确保案件审判质量。被养成对象即法官助理有了前期全面熟悉法院工作流程的基础，对法院工作基本有了全面的感性认知，此时为其安排1—2年的中级成熟阶段，大量承接较为核心的司法辅助性事务，“在做中学”“在学中做”正当其时。

（3）高级培养阶段——嵌入“实践共同体”审判模式培养

①时间安排：1—2年

②养成内容：该阶段重点承担初任法官养成功能，采取嵌入“实践共同体”审判模式养成方式，由被养成对象即法官助理与员额法官同堂参与

审理特定案件，直接获取审判经验。可根据被养成对象的专业特长，参考个人意愿在特定岗位先行就某一业务领域开展定岗学习，吸纳先前助理审判员制度中科学合理功能部分，通过“师徒传承”方式习得审判经验。该阶段应重点立基于法官助理制度之初任法官养成功能而展开，培养的侧重点应该倾向于诸如庭审驾驭等更加高阶与全面的审判技能。采取由“一名法官助理+一名员额法官”建构“实践共同体”审判模式，依托“实践共同体”审判模式最大化实现对法官“师傅”司法审判隐性知识和技能的传承与学习，全面提升被养成对象案件事实提炼、正确适用法律、有效驾驭庭审等全方位高阶司法能力。

③合理性论证：隐性知识被调动的重要因素主要是情境性。隐性知识只有在特定的时刻并且完成特定的任务时，才能部分或者全部变得容易获取。司法实践为法官隐性知识的转移提供了情境性条件，司法实践是法官隐性知识转移的场合，司法审判隐性知识和技能的转移需要在司法实践中予以实现。[1]在“实践共同体”审判模式中法官助理才会真正做到对具体案件审理的感同身受，法官助理在真实具体感同身受的司法实践中更容易把握隐性知识的特征，从而强化对诸如审判技艺等隐性知识的掌握和学习。同时，“员额法官+法官助理”共同体的组织结构意味着他们“师徒共同体”内的成员联系更为紧密，更容易进行沟通与交流。处于“实践共同体”中的师徒成员之间通过观察、学习、模仿等方式进行隐性知识的传递与学习，使隐性知识的转移更加便捷。司法实践真正为法官与法官助理提供了这样一个“实践共同体”的环境，具体真实感同身受的司法实践将他们紧密联系起来，同堂审案确立了他们共同的实践内容，这使法官隐性知

〔1〕刘婷婷：《法官的隐性知识研究》，华东政法大学2019年硕士学位论文，第42-45页。

识向法官助理的转移具备了良好的条件（参见图6-3）。[1]

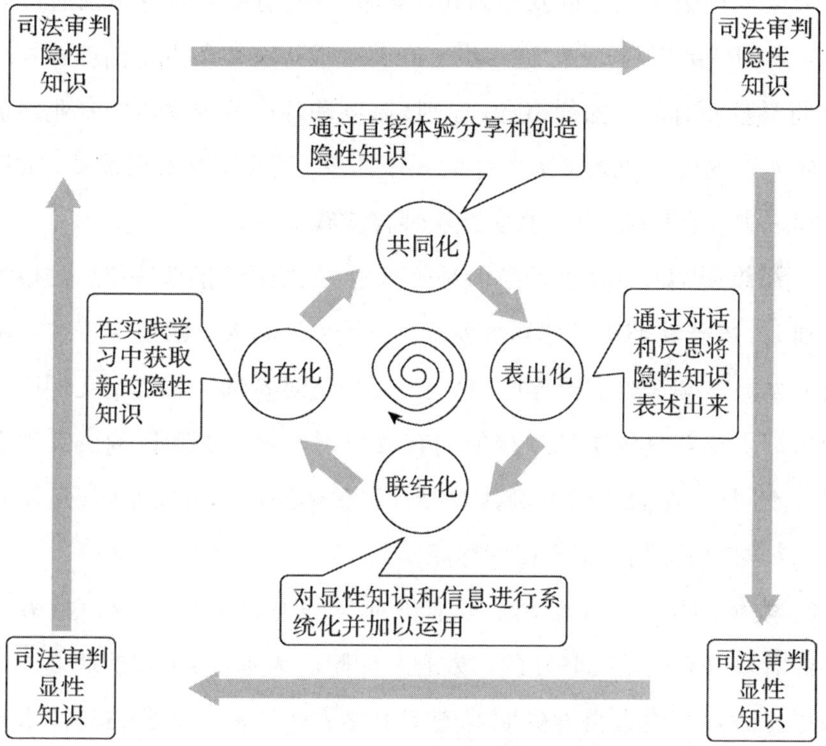

图6-3　“实践共同体”司法审判隐性知识传承机理

（4）参加集中学习——对接法官学院岗前集中培训

①时间安排：1—2个月

②养成内容：根据司法实践现实需求，法官学院集中授课阶段应重点突出以下学习内容：

A. 知识型学习。立足审判实战需求，培训内容主要包括对与司法实践密切相关的最新的法律法规以及司法解释的学习、理解与适用。主要以法律条文为中心，采用案例教学方法，结合参训对象前期参与办理案件的

〔1〕 胡学军、涂书田：《司法判案中的隐性知识及其意义》，载《法学论坛》2008年第3期。

实践经历，选取真实案例，对具体案例进行分析归结至相关法律概念，最后归结至现行法律条文以及最新司法解释。推动参训对象尽快通过对具体真实案例的剖析与归纳，进一步提升其对现行法律条文正确理解与适用能力,将学校原有的以法律概念、原则、制度和理论等为主体的专业知识结构转换为以现行法律条文为主体的知识体系，适应审判实践需要，重构初任法官法律专业基础，提升其实践理性与实践能力。

B. 思维型学习。在推动参训对象典型“三段论”推理法律思维模式学习基础上，培养其类比推理思维模式。结合《最高人民法院关于统一法律适用加强类案检索的指导意见（试行）》，加强对参训对象类案案例适用思维的培训。结合具体案例教授他们有效识别生效案例和待判决案件类似要素及不同点，结合生效案例裁判要旨和具体法律规范及原则，运用裁判规则，科学梳理待判决案件裁判思路。

C. 规范型学习。突出司法职业伦理与司法良知等规范教育，教育引导参训对象以应该始终坚守的仁爱心和恻隐心为本源，以司法职业的崇高性深层次激发其内在自发的职业道德情感。塑造参训对象在具体审判实践中行使裁判权时内心所应当遵循的坚守公正的基本信仰，以及在此基础上所产生的契合法治理念、法律原则和司法文化的行为观念，以提供合格的公共法律产品，持续高效向社会各界输送公平正义。

③合理性论证：通过三个阶段特别是高级培养阶段养成后的新遴选入额初任法官，业已拥有一定具体真实的司法审判实践历练，他们已经在员额法官的指导下融入过“实践共同体”审判团队，先行真正接触和参与到真实的审判实践过程中，真实的司法审判历练会让他们对审判工作有一个感性直至理性的切身体会和认识，再行参加集中授课培训，不仅能够让他们更容易深刻理解相关共性审判规律等授课内容，还能够让他们在前期实践积淀的基础上，善于发现问题、提出问题，并思考问题、解决问题，激发他们的

探究精神，激活互动型授课模式，甚至推动整个培训模式的变革。〔1〕

5.配套机制的标准化构建

（1）构建全程动态考评机制注重平时考核。〔2〕建议推广安徽省蚌埠市中级人民法院建立健全“全程动态考评机制”的经验做法。

一是分解考评目标，全员定责定岗闭环传导责任。构建全程动态考评机制，依据各层级法官助理及其各自工作目标科学设定与分解考评目标。蚌埠市中级人民法院实施全员定责定岗，将整体工作目标有效分解到各部门和每一位干警。以岗位管理为基础，以事业发展为牵引，将具体工作内容整合进工作岗位，再确定到个人。考评责任目标分解链条闭环紧扣，真正实现法官助理“岗位设置无空白，任务分配无死角”。遵循工作特点核定考核单元。在全员定责定岗基础上，将全院干警按照部门工作特点全部纳入考评范围，让各层级法官助理真正形成“人人肩上有担子，个个身上有任务”工作格局。根据各层级法官助理各自不同业务特点、岗位职责，对部门及个人工作任务实行量化分解。核定不同考核单元，制定不同考评细则，为科学实施动态考评，激发整个队伍潜能和活力奠定基础。

---

〔1〕 之所以讲推动整个培训模式的变革，主要是针对学界对当前预备法官培训模式存在问题的批判而言的。“当前法官学院培养模式虽然是针对法院队伍的革命化、正规化、专业化和职业化进行的，但并没有真正区别于高等院校的教育模式，仍是填鸭或灌输式的单向培训教学模式，缺乏针对性和个性化的互动模式。其具体表现为疏于司法技能的挖掘、案例脱节于社会热点、互动交叉和情境模拟不足、缺乏足够的吸引力，等等。这种培养模式不但无助于法官调适法律与社会现实之间的紧张关系，反而有可能在圈养化的培养中扩大了青年法官与审判实践之间的距离。”陈庆安、潘庸鲁：《司法改革背景下青年法官培养模式的反思与路径探索——合议庭办案机制下的师徒制培养模式的理性回应》，载《西南民族大学学报（人文社科版）》2017年第6期。

〔2〕 安徽省蚌埠市中级人民法院作为安徽省首批司法改革试点法院，在全面完成改革试点任务基础上，紧紧围绕最高人民法院五五改革纲要，主动探索积极作为，持续深化司法体制综合配套改革。重点针对员额制及人员分类管理改革到位后，因各类人员权力格局和利益分配“重新洗牌”所带来的“临时动荡”与“焦虑不安”“一定程度影响工作开展”这一现实“痛点”，紧紧围绕“队伍潜能亟须全盘激活”这一核心“要点”，创新构建“全程动态考评体系”，突出过程管理、强化正向激励，推进队伍潜能激活裂变，耦合联动更好释放改革红利，被中共中央组织部和安徽省委组织部评定为“平时考核”双联系点试点单位。

二是动态考评监控，突出过程管理实现螺旋提升。考评工作不应仅是一种年终的结果评价，更应是一种平时的过程管理。蚌埠市中级人民法院着力于建立全程动态考评机制，旨在及时发现和掌握问题，实时反馈信息，帮助每位法官助理认知自身优势和不足，结合跟踪问效促使每位法官助理适时完成自我反省和调适，进而在动态调适中实现队伍管理与业务管理水平的双核螺旋式提升。①通过每周“处方”反馈及时跟踪问效。以人民法院绩效管理平台为依托进行个性化需求配置，建设“蚌埠市中级人民法院智慧考评管理平台”，实现数据自动抓取，考评过程实时生成，考评内容动态更新。在此基础上，每周对考评中发现的问题和弱项开具“处方”，及时反馈至分管领导、员额法官、相关部门和法官助理个人。及时跟踪问效，突出日常过程管理，在反馈与问效中整改问题，在交流互动中提升水平。②每月办案排名岗位能手评选。为克服常规静态考评周期长、频率低、结果预期性不足等弊端，每月一次对全院员额法官和法官助理工作量进行大排名，让每一位法官助理及时掌握自己业绩水平及在团队中位次变化，提高他们参与业绩考评的积极性，增强业绩考评工作导向性。根据月度考评结果每月一次评选出涵盖法官助理在内各类人员的“岗位能手”予以表彰并给予一定物质奖励。

三是年度结果汇总主导奖金分配。以日常考评结果为基础，综合考虑各层级法官助理岗位角色等因素，设定工作量调节系数，汇总年度考评结果，以此为依据确定年度绩效考核奖金分配方案。实行分档绩效奖金分配方式，打破“大锅饭”，杜绝平均主义。设置合理级差，拉开相应差距，提升考评激励效能，真正构建起多劳多得良性竞争机制，从物质奖励维度激发被养成对象即法官助理工作潜能及参与养成的积极性。[1]

---

〔1〕 李庆:《全程动态考评激活队伍潜能》，载《法院队伍建设》2021年第4期。

（2）构建与晋级晋升遴选衔接机制激活机制动能。在组织变革公式中，不满足感提供了打破现状的必要性和推进变革的动力。不满足感是催生对现状的不满情绪，将员工从自满和组织惯性中释放出来，为变革流程提供最初动力的变革要素。[1]结合分层养成规划，构建分层晋级晋升模式，通过工作职能的分层次、阶梯式深化，营造一定的不满足感，保持法官助理们持续的工作激情，全面提升工作质效。在三个层次的晋级晋升中，可以综合统筹运用好等额和差额晋级晋升机制，营造一定程度必要的竞争氛围。

初级成长阶段法官助理晋升中级时，主要是对该阶段是否适应法院工作要求予以初步考量，应主要采用等额晋升。中级成熟阶段的法官助理晋升高级时，应考虑设置一定的晋升比例，确保机制运行的严谨性和规范化。通过一定程度的竞争性体现，合理营造一定的不满足感，有效消解岗位倦怠与工作惰性。主要依托法官助理平时考核个人业绩档案资料，重点考察被养成对象法官助理履职情况，同时通过听取庭室领导、员额法官对其评价意见，综合评定。在法官助理分层管理模式基础上，科学设定考核标准，完成预设培养目标且晋升至高级培养阶段的法官助理，方可参加员额法官遴选考试，真正建立起切实有效考核考评与晋升晋级有机衔接机制，推动法官助官积极融入养成机制，确保养成机制取得实效。

（3）完善法官助理退出及转任程序畅通机制运行。一套良性的人员退出程序机制，有利于促进法官助理队伍的新陈代谢，有利于法官助理队伍的优胜劣汰，有利于保持法官助理队伍的生机和活力。法官助理的退出，按照退出原因将其分为主动退出和被动退出两个方面，并针对不同退出方式制定相应政策。退休、辞职属主动退出，辞退和开除属被动退出。法官助理不能胜任或者不能正常履行职责的，可以采取部门建议、本人申请等

---

〔1〕［美］兰杰·古拉蒂、安东尼·J.梅奥、尼汀·诺里亚：《管理学》，杨斌等译，机械工业出版社2014年版，第227页。

方式，经法院党组同意可转任为其他类别人员管理。建立健全日常监察制度，对在工作上存有重大失误，作风上存有一定问题的法官助理及时作出降级退档等处理。推行警示淘汰制度，对于岗位职责与养成标准不符的法官助理通过批评教育、在岗再学习、降级培训、调离岗位等措施，保持长效化警醒态势，保障养成机制顺畅运行。

三、“两步走”方略的理性思考

（一）“两步走”方略的框架性思考

“重大改革应于法有据”业已形成基本共识。当前诸多学者多基于法官助理初任法官养成功能的缺位，提出应增设“候补法官”“限权法官”等审判人员类型，核心本质均系在分层养成的基础上，在现行法官助理中增设出一类审判人员，从事简单案件或程序性案件审理，[1]实际上是对现行法院人员分类的突破。从初任法官养成的视角予以利益考量，依此增加法官助理实践历练，具有充分的科学性和合理性。但是将此建议纳入整个司法改革予以综合利益衡平会发现，该种改革思路极易落入社会各界所担忧的“概念”性骗局，[2]很担心法院系统会以此为突破口在“案多人少”的实际困境下理性地走上“助理审判员”先前的异化型老路上去。如此，新一轮的司法改革预期将会大打折扣，更是社会各界所不能接受的。本轮司法改革确立的审判辅助人员中并无之前的助理审判员以及学界所呼吁的“限权法官”“司法事务官”等职位设计，简单照搬国外做法，在我国审判辅

〔1〕 薛永毅：《基层法院设立候补法官制度研究——以法官养成及审判权二元配置为中心的分析》，载《渭南师范学院学报》2019年第12期；杨富元、吴昊、宋震：《员额法官养成机制的逻辑分析与范式构建》，载《山东法官培训学院学报》2019年第5期等。

〔2〕 “如果未入额却又继续享有法官称号或继续保有审判资格，哪怕属于暂时的权宜之计，则这种概念游戏也会使员额制法官改革效果大打折扣。”郭人菡：《嵌入与抽离：法官员额制改革的利益衡量研究》，载《北京行政学院学报》2017年第2期。

助人员中加入“限权法官”或“司法事务官”的做法并不现实。〔1〕而且，在“重大改革应于法有据”的共识语境下，“按照现行法律规定，审判员（已经没有助理员该种审判人员）是由人大任免的，属于宪政意义上的人事权，体现了权力机关的政治地位，展现了审判权源于人民的民主意蕴，具有重大的宪政意义”。〔2〕当前，这种改革思路，一是突破了法院人员分类的顶层设计，二是涉及整个国家司法审判人员的布局与配置，实则涉及《法院组织法》《法官法》等层面整个国家司法权的布局与配置，还关乎与人大任命权以及法院系统自身能否自我设置司法审判权问题。因此，该改革思路需要从长计议、深入论证，在全面剖析利弊得失的基础上，争取人大授权抑或相应立法层面支持后，再予以试点探索与推行为宜。

理性的方略应是首先立足于当前实际，第一步先行自我挖潜，在整体增加司法工作总量的现实困境下，也要勇于担当起初任法官的养成重任，推行好法官助理高级培养阶段“实践共同体”审判模式之初任法官养成范式。当然，该范式客观上会导致需要另行增加法官助理一同参与仅需员额法官开庭的案件审理，如此会让人民法院工作总量大幅增加，继而导致“案多人少”矛盾进一步加剧和凸显。但是，相对于初任法官养成的百年大计，人民法院亦应义不容辞。

同时，应该进一步思考与论证的是，在着力于探寻有效避免重回先前助理审判员初任法官养成老路诟病的基础上，如何布设“候补法官”“限权法官”等审判模式改革的科学路径。实际上，应该理性地承认，此前助理审判员初任法官养成模式被异化的根源，在于当时的制度设计把“代理审判员”司法审判权的授予权直接赋予了各级法院，因为他们可以直接提名

---

〔1〕 李翀：《基层法院编制内法官助理制度的困境与对策》，载《西南政法大学学报》2019年第3期。

〔2〕 王庆廷：《法官分类的行政化与司法化——从“助理审判员”的“审判权”说起》，载《华东政法大学学报》2015年第4期。

任命助理审判员并经审判委员会研究通过，助理审判员则可以代理审判员的身份独立行使司法审判权。近年来，案件爆炸性增长的现实困境让各级法院尤其是广大基层法院理性地选择了“速成”式审判人员培养及提名任命模式，故而被社会各界所诟病。而此轮司法改革，实际上将司法审判权的授予权直接明确为各级人大一元化集中行使，员额法官一律由人大任命为审判员，方可行使司法审判权。这是国家层面的司法权配置布局，也是出于确保审判人员应有实践历练、综合素养等根本性深层次考量。当捋顺整个现行初任法官养成模式后会清晰地发现，实际上在现行司法审判权各级人大一元化授予模式下，再结合分层养成的模式配套，对经过4—5年实践历练基础上的法官助理，若为其分配部分简单案件，为其提供必要的庭审历练机会，应该是科学的，也是可行的。

可以通过科学的培养与选拔程序，将高阶助理任职满1年后，考察合格者赋予参加兼职候补法官的考试资格，从中脱颖而出的人员任命为候补法官，主要承担简单案件及程序性案件的审理。在保证法官员额不突破39%的情况下将那些进入候补法官员额的人员提交省级法官遴选委员会加以表决，然后再提交同级人大常委会正式任命。[1]这样，候补法官的合法性问题就能得到解决。也可以考虑在报请遴选委员会任命这些“候补法官”“限权法官”时，除提供三个阶段实践学习历练档案外，再行提供不少于六个月的“实践共同体”审判模式养成实践相关资料。同时，对接员额法官遴选，候补法官任期满一年后，有资格参加法官遴选委员会组织的入额考试，优胜者升任为员额法官，捋顺养成流程，激活机制运行动力源，进而综合各方面利益衡平，推动整个初任法官养成机制良性运行。当然，此改革思路推进的前提在于深入论证，积极争取人大授权试点，抑或予以相

〔1〕 陈瑞华:《法院改革中的九大争议问题》，载《中国法律评论》2016年第3期。

应制度设计，获得实施依据再行开展。

(二)候补法官设置的理论探讨

基于以上分析，可以先从理论层面对法官助理养成机制中候补法官的权责设置、可办案件类型界定以及层级设计等展开讨论和论证。

1.候补法官的权责设置

可以在科学实施初任法官分阶养成机制的基础上，就员额法官和法官助理职位作进一步的科学细分，可考虑在其两者职位之间增设候补法官一职，与员额法官相区别作为“限权法官”行使部分审判权。具体而言，候补法官是指高阶法官助理任职满一定期限后，经综合考核脱颖而出行使有限审判权，承担部分程序性案件以及简单案件审理，并作为员额法官主要候选人选的人员。在职责设置方面，具体可借鉴我国台湾地区候补法官、美国治安法官以及日本陪席法官等的职责设置，对接案件繁简分流改革，由候补法官独立行使简易民事、轻微刑事案件以及非讼类案件的审判权及部分裁量性程序事务等职责。候补法官作为“限权法官”在既定范围内行使有限审判权，亦需对其审理案件裁判结果负责，以体现权责相一致原则。

2.候补法官可办案件类型梳理界定

囿于现行制度框架，若不能对原有审判权和司法辅助权的内涵和外延予以必要科学调整和界定，只是在原有框架内分析和探讨，则难以实现初任法官养成机制中渐进式推进庭审亲历参与、裁判权层级化行使等关键环节的有效设计和嵌入。为此，可以在综合价值衡平基础上，赋予候补法官办理以下案件的限制性审判权力。

一是对接案件繁简分流改革，由候补法官负责部分简单案件的审理，所审案件可以结合导师制由结对员额法官审核把关。当然，简单案件范围则可以依据各地方经济社会发展水平、法官整体水平以及所受理案件类型等因素予以综合判定。简单案件一般是指婚姻、继承等家事纠纷以及小额速裁程序案件、轻微刑事案件、适宜适用刑事速裁程序审理的案件等。

二是立基程序分离，可由候补法官审理非诉案件、专司调解等事务。首先，改革诉讼案件与非诉案件混同管理的案件管理方式，实现以开庭审理为主要标志的诉讼案件与其他非讼案件有效分离，将非诉案件全部交由候补法官办理，员额法官不再参与。其次，在诉讼程序上适当区分审前程序、庭审程序以及庭后程序，审前程序和庭后程序可交由候补法官组织实施。最后，实现审判程序和调解程序的有效分离，在尊重当事人自主选择权前提下实行审调程序分离，在此基础上实现审调人员分离，可由候补法官专司调解事务。

3.候补法官层级设计

为有效化解现行法官助理制度的二元化功能冲突，可将司法辅助功能和法官养成功能通过分阶设置予以融合。本轮司法改革已明确法官助理的司法辅助人员定位，在有效维持该基本定位前提下，较为理性和稳妥的策略是，将当前法官助理履职期限分设为两大阶段：第一阶段为司法辅助职能行使阶段，主要从事司法辅助事务；第二阶段主要立基于初任法官培养设置候补法官阶段。在对法官助理业绩予以科学公正考核评定基础上，择优遴选法官助理转任候补法官，办理部分简单案件，实习性行使部分低判断性事务，在实践中增长司法经验和判断能力。可根据业绩考核、工作年限等要素对候补法官再行设立不同等级，实施更加精细化管理。在具体人员选任上，可以考虑在改革过渡时期，由未入额法官及部分审判经验丰富的原助理审判员担任候补法官；而在过渡期后，可从高阶法官助理中择优选任候补法官人选。另外，作为人才梯次培养的重要环节，员额法官入额人选应主要从候补法官中择优选出。由此，方能将候补法官真正作为正式法官后备人才进行培养，科学构建实质意义上的初任法官梯次分层养成机制。

附　录

附件1

人民法院初任法官养成规程
（试行建议稿）

第一章　总　则

第一条【制定依据】为贯彻落实《中华人民共和国法院组织法》《中华人民共和国法官法》《关于建立法律职业人员统一职前培训制度的指导意见》《法官教育培训工作条例》《人民法院初任法官职前培训实施办法》等有关规定，结合人民法院工作实际，特制定本规程。

第二条【目的与意义】规程制定和发布着力于人民法院初任法官养成任务、养成内容、养成目标、养成方式以及管理考核等配套机制的标准化建设，科学构建符合我国司法实践需要的初任法官养成机制，从根本上提升人民法院初任法官岗位胜任实效和内生学习力，完善并严格实施初任法官准入制度，严把入口关，夯实初任法官队伍专业基础，整体提升人民法院法官队伍的素质和能力。

规程制定和发布是持续、均衡、优质提升人民法院初任法官质量的标准化制度性系统设计，旨在建设以审判实践为本位的初任法官养成支持体系，推进人民法院法官队伍革命化、正规化、专业化、职业化建设，全面提升司法水平，保障司法正义持续高效供给，努力让人民群众在每一个司法案件中感受到公平正义。

第二章　养成任务的标准化设定

第三条【全面提升政治能力】坚持以习近平新时代中国特色社会主义思想

为指导，深入学习贯彻习近平法治思想，教育引导初任法官拥护中国共产党领导，拥护社会主义法治，始终把握正确政治方向，增强“四个意识”、坚定“四个自信”、做到“两个维护”，提高政治判断力、政治领悟力和政治执行力，矢志不渝做中国特色社会主义法治道路的坚定信仰者、忠实实践者。

第四条【全面培养职业伦理】加强理想信念教育，深入开展社会主义核心价值观教育和社会主义法治理念教育，培养知荣辱、讲正气、作奉献的人民法官。坚持严明党纪国法与职业纪律相结合，以忠诚、为民、担当、公正、廉洁为主要内容，强化法律职业伦理训练，完善职业道德评价机制，培养初任法官崇尚法治、恪守良知、理性公允的职业品格，精益求精钻研业务的专业精神。

第五条【全面增强业务能力】聚焦能力短板，强化案例和实践教学，通过专业思维的培养、专业方法的掌握、专业技术的运用，提高初任法官的法律政策运用能力、重大风险防控能力、复杂事件处置能力、群众工作能力、科技应用能力、舆论引导能力，推进被养成对象尽快实现从熟悉法学理论知识到熟练掌握法律实务技能的转变，提高专业化水平。突出业务实训实战，将被养成对象嵌入司法审判各环节、各流程，确立各环节养成内容重点，建立全程动态考核考评机制，建立健全被养成对象全程考评档案，实行教、学、练、战一体化养成模式，在员额法官指导下，通过参与业务实践，提高被养成对象实战能力。

第三章　养成内容的标准化设定

第六条【综合素养】主要包括坚持党的绝对领导、对法律的信仰与忠诚、独立的司法人格以及良好的心理抗压及情绪管理能力。重点推动政治能力与业务素质“双向融贯”提升，将党性原则贯穿于工作始终，从有利于党的领导、国家安宁、人民福祉方面高度发挥审判职能作用，在每一起案件办理中都树立系统观念、统筹考量，努力在法律规定范围内寻求最优化裁判方案，真正将政治上绝对可靠、对党绝对忠诚落实到每一起案件办理过程中。

第七条【司法程序】主要包括依法辨别与选择诉讼程序能力、庭审驾驭能力、依法询问调查及取证的能力、审限与效率的管理能力以及依法引导诉讼当事人在法定诉讼程序内及时有序完成相关诉讼事项等能力。

第八条【事实认定】主要包括依照法定程序，从具体案件事实中有效提炼法律事实，结合案件证据，准确认定案件事实的能力。具体包括提炼整理案件争议焦点的技术、证据审查认定、证明责任分配，综合运用证据及经验法则等裁剪、认定案件事实等能力。

第九条【法律适用】主要包括裁判思路的养成，围绕具体案件的诉请找法、有效筛选应适用法律规范，亦包括特殊情形下法律解释方法的评判与选择以及法律漏洞的科学填补等能力。

第十条【审判技艺】主要包括法律思维能力以及群众工作能力，把握社情民意与社会大局的能力，有效协调各方利益的社会沟通能力，有效倾听的能力和亲和力，力促裁判符合公众司法期盼的能力，通过裁判文书综合立体展现案件诉讼程序、事实认定、法律适用心证历程等能力。

第四章　养成目标的标准化设定

第十一条【核心养成目标】通过规程实施，推动被养成对象达成以下核心养成目标：

（一）热爱人民法院审判事业，牢固树立司法为民意识，忠于职守，勇于奉献。

（二）具有良好的职业道德，树立“努力让人民群众在每一个司法案件中感受到公平正义”的职业理念。

（三）具备较强的自我学习和自我发展的意识与能力。

（四）具有较强的审判团队合作精神和人际沟通能力。

（五）具备创新思维和进取精神，体现较高的人民法官人文素养。

（六）系统掌握扎实的司法审判理论知识和审判实践技能。掌握具体审判基本方法，能熟练规范参与审理常见案件，能参与处理部分疑难案件，获得较为丰富的审判实践经验。

第五章 养成方式的标准化设定

第十二条【融入工作实训】坚持“在学中做”“在做中学”原则，把养成过程融入真实工作任务情境，通过被养成对象亲身经历并真实融入各审判环节程序及实体事务处理获得审判经验和技能。针对被养成对象社会实践与阅历相对不足问题，对接村居、社区搭建服务平台，组织被养成对象融入一线接地气锻炼，有效提升被养成对象综合利用各种背景性社会常识实现司法裁判合法性与可接受性有机统一的高水平司法能力，努力让人民群众在每一个司法案件中感受到公平正义。

第十三条【基于实战模拟】在实战基础上，搭建训练平台，安排资深法官主持开展互动性研讨，注重审判工作规律性总结，以庭审模拟、案例研讨为主要形式，训练被养成对象裁判思维，帮助被养成对象有意识整合知识、技能，集约化加快综合审判能力提升。

第十四条【“实践共同体”嵌入】结合案件繁简分流改革，针对高级培养阶段业已经历司法实践历练的经验型法官助理，采取“一名员额法官+一名经验型法官助理”形式编入相对固定审判团队，将初任法官养成职能有机嵌入真实审判工作情境予以实战训练。将分流出的简单案件分配给经验型法官助理，由其在员额法官指导下先行开展庭前调解、当事人接待、证据交换、无争议事实固定等工作；调解不能案件，及时开庭审理，员额法官与经验型法官助理同堂开庭审理案件。经员额法官许可，经验型法官助理可参与案件事实调查，在全程参与庭审基础上，由经验型法官助理先行研判案件裁判思路，草拟裁判文书，报同堂审判员额法官复核修订、完善定稿、署名发布。

第十五条【对接集中培训】对接《关于建立法律职业人员统一职前培训制度的指导意见》和《人民法院初任法官职前培训实施办法》，选派有一定审判实训基础的遴选入额法官参加岗前集中培训。结合参训对象前期参与办理案件的实践经历，采取案例教学等形式，推动参学对象通过对真实案例的剖析与归纳，进一步提升对现行法律条文正确理解与适用能力，将学校原有以法律概念、原则、制度和理论等为主体的专业知识结构转换为以现行法律条文为主体的知识体系，适应审判实践需要，重构初任法官法律专业基础，提升初任法官实践理性与实践能力。

第十六条【搭建交流平台】依托学习强国、钉钉、微信等科技手段（网络视讯App等），搭建学习交流平台，组织开展基于集中培训、审判实训等所遇问题、疑惑、感想等内容的互动交流与沟通，推动被养成对象获得群体观念、群体思维和文化，扩大视野，提升人文修养，推动被养成对象形成职业认同和职业归属感。

第六章　养成层级的标准化设定

第十七条【初级成长阶段】针对刚招录进入法院的法官助理安排1年左右的初级成长养成阶段。前6个月，安排刚入院法官助理先行代行书记员职务，参与庭审记录、卷宗整理等单项辅助工作，快速熟悉工作流程，了解法院工作。后6个月，初级成长阶段法官助理在法官指导下主要学习从事送达、通知、沟通等基础性程序性辅助事务以及内勤等工作。

第十八条【中级成熟阶段】针对经过初级成长阶段的法官助理安排1至2年的中级成熟养成阶段。该阶段按照后备法官人选来培养和使用法官助理，将其编入合议庭或者跟随独任法官，作为法官核心助手，通过跟学带教逐步培养员额法官后备力量。在法官指导下，主要学习协助组织证据交换、调解、调查、核对、收集相关证据、草拟阅卷笔录、审理报告、裁判文书等辅助工作。从事综合调研工作的法官助理学习草拟综合文稿、课题、调研文章、案例写作等内容。

第十九条【高级培养阶段】择优选择经历中级成熟阶段的法官助理安排1至2年的高级培养养成阶段。该阶段重点承担法官养成功能，采取“实践共同体”审判模式养成范式，由被养成对象即法官助理与员额法官同堂参与审理特定案件，直接获取审判经验。由“一名法官助理+一名员额法官”建构“实践共同体”审判模式，将高级培养阶段法官助理初任法官养成职能有机嵌入真实工作情境，提升实战能力。对法官助理先行调解不能的案件，由其与员额法官“师徒”同堂开庭审理，并实习性行使司法判断权，草拟裁判文书，报同堂审判员额法官复核、署名、发布。

第七章　等级设置和条件

第二十条【等级设置及层级对应】根据养成层级划分，对被养成对象即法官助理确立等级分级培养，由高到低依次分为：高阶（经验型）法官助理、中阶（事务型）法官助理、初阶（实习型）法官助理三个等级，分别对应高级培养阶段、中级成熟阶段、初级成长阶段。

高阶、中阶、初阶法官助理可依照《中共中央组织部 最高人民法院 最高人民检察院关于法官助理、检察官助理和书记员职级设置管理的通知》所设定比例择优对应相应职级。

第二十一条【等级确立依据】法官助理等级综合工作年限、工作表现、任职经历以及考核考评结果等因素确定，其中，高阶法官助理所占比例不超过法官助理核定人数的40%。

第二十二条【等级确立条件】法官助理符合下列条件可确定相应等级：

新招录法官助理可确定初阶法官助理；

初阶法官助理满1年，完成相应法官助理培训，经综合考核考评晋升为中阶法官助理；

任中阶法官助理满1至2年，经综合考核考评择优晋升为高阶法官助理；

具有审判员以上职务的人员，经个人申请转任为法官助理序列的，一般确定为高阶法官助理；

工作业绩突出，表现优秀的高阶法官助理，优先遴选入额。

第八章　日常管理与考核考评的标准化设定

第二十三条【健全考核体系】健全平时考核、实绩考核、综合分析研判等制度，对法官助理进行识别评估。根据法官助理任职经历、工作实绩，专业特长等，择优提拔任用、推荐入额。

第二十四条【实施部门】法官助理所在部门负责法官助理的日常管理，各级法院审判管理部门负责法官助理业绩考核，各级法院政治部门负责法官助理的招录、选任、调配、培训、考评及考核结果运用等工作。

第二十五条【晋升考核考评架构】法官助理每季度进行平时考核，参加公务员年度考核，等级晋升时需进行综合考核考评。综合考核考评由业绩考核和考评两部分组成，总分100分（另设附加分）。其中，业绩考核占60%，由审判管理部门牵头组织；考评占40%，由政治部门牵头开展。

第二十六条【考核考评细则】法官助理业绩考核按照《法官助理业绩考核管理办法》执行。考评主要针对法官助理德、能、勤、廉四方面，即政治素质、综合能力、工作作风、廉洁自律情况进行测评。

（一）德（10分）。主要考核法官助理政治品质和道德品行，由政治部门组织考评。重点考评以下几方面：

1.参加政治理论学习，深入学习贯彻习近平新时代中国特色社会主义思想等情况。

2.严守政治纪律和政治规矩，深刻领悟“两个确立”的决定性意义，牢固树立“四个意识”、坚定“四个自信”、做到“两个维护”等情况。

3.维护国家、社会和单位安全及荣誉和利益，忠于宪法、忠于人民，保守国家秘密和工作秘密等情况。

4.遵守社会公德、职业道德、家庭美德和个人品德等情况。

5.落实意识形态工作责任等情况。

（二）能（10分）。主要考核法官助理业务素质、综合能力，由法官助理所在部门组织考评。重点考评以下几方面:

1.独立开展工作等情况。

2.业务新知识学习掌握等情况。

3.调查研究发现问题、提出意见建议等情况。

4.工作执行力等情况。

5.与同事相处、工作配合等情况。

（三）勤（10分）。主要考核法官助理精神状态和工作作风，由政治部门、纪检部门组织考评，重点考评以下几方面：

1.遵守考勤管理规定等情况。（无正当理由迟到、早退每次扣0.1分，无故旷工每次扣0.5分）

2.执行请销假、因私出国（境）、个人重要事项报告等情况。（未按规定严格执行的每次扣0.5分）

3.参加重大活动和会议等情况。（无正当理由迟到、早退每次扣0.1分）

4.为群众办实事解难事，群众满意度等情况。（因工作态度、服务质量等情况被当事人投诉的，经查实，每次扣1—3分）

5.工作积极性不高，消极怠工的视情扣1—2分。

（四）廉（10分）。主要考核法官助理遵守廉洁自律各项规定、执行人民法院“五个严禁”等情况，由纪检部门组织考评。因违规违纪出现下列情况的给予扣分：

1.出现提醒谈话、警示谈话、批评教育等情况的。（扣1分）

2.出现约谈、诫勉等情况的。(扣2分)

3.出现纠正或责令停止违规违纪行为、责成退出违规违纪所得、限期整改、责令作出口头或书面检查等情况的。(扣4分)

4.出现召开组织生活会批评帮助、责令公开道歉(检讨)、通报批评(通报)等情况的。(扣5分)

5.受纪律处分、组织处理情况的。(扣10分)

因同一事由,若干种处理方式并用的,按扣分最多的评分。因不同事由受到不同处理的,数种处理酌情合并扣分。

(五)附加分。主要考核法官助理司法调研能力,由研究室等部门组织考评。

在国家、省、市级法学刊物上发表调研文章的,分别得3分、2分、1分;在全国法院系统学术讨论会上获得一、二、三等奖的,分别得5分、4分、3分。

辅助办理案件或撰写的案例入选最高人民法院发布的指导案例、公报案例的得5分;在省高级人民法院发布的公报案例,省级以上优秀案例、典型案例评选中获奖或入选的得3分。在承担急难险重任务、处理复杂问题时表现突出,有显著成绩或贡献,受到市级以上表彰的加2分。

第九章 等级评定与晋升的标准化设定

第二十七条【实施部门】法官助理等级评定与晋升工作,按照干部管理权限,在各级党委组织部门、法院党组领导下进行,由政治部门牵头,相关部门配合实施。

第二十八条【晋升条件】法官助理晋升应具备以下条件:政治立场坚定,与党中央保持高度一致,具有全局意识和大局意识;具有较高的专业素养和良好的职业道德,坚持原则,秉公办事,作风正派,团结同志,清正廉洁。

第二十九条【禁止晋升情形】法官助理有下列情形之一的,不得晋升等级:

1.因违法违纪行为正在接受调查,行政或党纪处分尚未解除的;

2.公务员平时考核年度内“一般、较差”两次以上的，年度考核为“称职”以下的；

3.无正当事由未完成岗位目标要求的；

4.没有按期完成或在工作中因严重失误、失职造成重大损失或恶劣影响的；

5.未能按照要求完成学习、办案、调研等任务的。

第三十条【晋升人选确立】法官助理晋升等级根据综合考核考评情况，按照总得分从高到低，在职数范围内确定晋升人选。

第十章　遴选推荐与转任的标准化设定

第三十一条【遴选机制对接】根据员额空缺数，原则上从高阶法官助理中择优推荐参加员额法官入额遴选。

第三十二条【转任程序】法官助理不能胜任或者不能正常履行职责的，可以采取部门建议、本人申请等方式，经法院党组同意可转任为其他类别人员管理。

附件2

关于开展司法技术典型案例征集活动的公告

为深入学习贯彻习近平法治思想，全面总结近年来全国法院初任法官养成机制的经验、做法，全面展现人民法院队伍建设新面貌，决定面向全国法院开展司法技术典型案例征集活动，现将具体要求通知如下：

一、征集原则

坚持以习近平新时代中国特色社会主义思想为指导，牢牢把握正确的政治方向，以服务初任法官素质素养提升、审判技能提高为主要目标，促进人民法院高质量发展。

二、征集时间

本公告发布之日起至××××年××月××日××时止。

三、征集主题

选题可结合初任法官养成工作中的重要理论和实践问题，选题参考如下：

1.习近平法治思想引领下推进初任法官业务方面养成机制方面的案例；

2.习近平法治思想引领下新时代初任法官政治素质养成方面的案例；

3.习近平法治思想引领下新时代初任法官“政治+业务+作风”复合型养成方面的案例；

4.初任法官分层培养使用方面的案例；

5.初任法官革命化、正规化、专业化、职业化建设方面的案例；

6.初任法官考核管理方面的案例。

案例可以从以上选题中任选其一，也可围绕“新时代初任法官养成”的中心议题自拟。

四、征集要求

（一）案例要强化正确的政治方向，有明确的工作目标，突出价值引领，具有较强的针对性、时效性、创新性、示范性和可推广性。

（二）案例要围绕初任法官养成的某一方面识点、技能点，每份案例字数不低于3000字，最长不宜超过6000字。

五、评审原则

司法技术典型案例征集活动的评审工作包括两部分：一是在“天平阳光”App进行投票，各作品所得票数作为后续评委评审的重要参考；二是组委会将组织专家组成专项评委团，按照课程评审要求公平公正进行评审。

六、奖项设置

本次司法技术典型案例设集体奖项若干名，以颁发奖杯的形式对积极参与活动并作出突出贡献的单位予以表彰。

七、组织机构及其他

本次司法技术典型案例公开征集设立活动组委会，办公室设在×××。

通讯地址：

联系人及联系方式：

附件 3

关于将司法技术及司法伦理内容纳入法官遴选考试范围的司法建议

法官遴选委员会：

根据遴选工作方案，法官遴选工作应当坚持党管干部、任人唯贤、德才兼备、公开透明、公平公正、双向选择、差额择优、考试考核、注重实绩原则，确保政治素质过硬、业务水平高、司法经验丰富、具备独立办案能力的人员担任员额内的法官。

法官遴选委员会坚持把政治标准作为第一标准，按照政治过硬、业务过硬、责任过硬、纪律过硬、作风过硬的要求，加强对政治忠诚、政治定力、政治担当、政治能力、政治自律等方面的培养与考核，确保所遴选的初任法官绝对忠诚可靠。

在司法实践中，遴选的员额法官司法技术与司法伦理等方面与司法实际存在脱节，不能较好适应新形势下的审判工作要求。为深化人民法院人才供给侧结构性改革，提高法官遴选质量，特此建议法官遴选委员会应紧紧围绕职业素养、职业能力、职业操守要求，加大法律职业立场、伦理、技能的培养与考核力度，提高法官职业素养和专业水平。坚持革命化、正规化、专业化、职业化，努力将每一名初任法官都培养成政治强、业务精、作风正，忠诚、干净、担当的社会主义法治人才，为实现“努力让人民群众在每一个司法案件中感受到公平正义”司法目标提供有力人才保障。

附件 4

关于将司法技术及司法伦理等内容纳入法学院课程设计的司法建议

教育部：

司法技术及司法伦理课程有助于法科生职业素养、职业伦理意识的养成，对于将法学生培养成司法技术丰富、职业伦理意识强、法律信仰坚定的法律人具有重要意义。然而，长期以来，很多法学院校并不重视法律职业司法技术和司法伦理教育。师资条件相对较好的法律院校，法律职业伦理教育也严重不足，大部分院校没有专职该领域教育科研的教师。司法技术和司法伦理教育不足，表明法学教育存在严重缺失。

为促进在校法学生成为德才兼备的法治人才，建议法学院开设司法技术与司法伦理课程，并将其设立为必修课，强化案例教学，采用研讨式学习。将法律诊所及模拟课程等体验式的教学方式纳入到教学中，使司法技术和司法伦理更好地在法科生中普及，有助于法律职业共同体的建设。

高校法学院应紧紧围绕职业素养、职业能力、职业操守要求，加大法律职业立场、伦理、技能的培养力度，提高法学生职业素养和专业水平。坚持革命化、正规化、专业化、职业化，努力将每一名法学生都培养成政治强、业务精、作风正，忠诚、干净、担当的社会主义法治人才，为推进全面依法治国提供坚强人才保障。

附件 5

安徽省蚌埠市中级人民法院

蚌中法党〔2022〕43 号

关于印发《蚌埠市中级人民法院法官助理导师制实施办法（试行）》的通知

本院各部门：

《蚌埠市中级人民法院法官助理导师制实施办法（试行）》已经院党组会议研究通过，现印发给你们，请遵照执行。

中共蚌埠市中级人民法院党组

2022年7月12日

蚌埠市中级人民法院
法官助理导师制实施办法（试行）

第一条【指导思想】坚持以习近平新时代中国特色社会主义思想为指导，深入贯彻落实最高人民法院《关于在加快推进司法责任体系改革和建设中进一步加强人民法院队伍建设的意见》（法〔2021〕328号），进一步深化司法体制综合配套改革，优化审判资源配置，健全审判权力运行机制，加快推进法院队伍革命化、正规化、专业化、职业化建设。

第二条【总体目标】建立法官助理导师制，旨在积极探索初任法官养成“蚌埠模式”，充分发挥导师“传帮带”作用，通过搭建以法官为中心、法官助理为支点的扁平化办案单元，进一步压实院庭长监督管理职责，传承审执工作经验，弘扬优良司法传统，不断提升法官助理业务水平和司法能力，为法院工作高质量发展持续提供人才保障和智力支持。

第三条【导师范围】院领导、院级领导、审判委员会委员、审判业务部门和审判综合部门负责人。

第四条【法官助理范围】审判业务部门及审判综合岗位法官助理。

第五条【组合模式】构建“1+1”和“1+N”相结合的组合模式，一名导师带领一名或多名法官助理组成办案单元，采取以师带徒、以案促学、交流互动的方式，导师对法官助理实行“一对一”办案指导，规范案件审理，统一裁判尺度，提升审判执行质效。

第六条【组合程序】政治部负责导师与法官助理的组合工作，原则上导师与分管、协管或所在审判业务部门法官助理进行组合，报院党组研究同意后确定组合关系。

第七条【组合期限】导师与法官助理组合期限原则上为一年，期间根据人员变动、岗位调整、业务庭案件量变化等因素，适时对组合关系、办案单元所在部门进行动态调整。

第八条【导师工作职责】导师指导内容以审执实务为主，通过向法官助理传授法律适用、庭审驾驭、诉讼调解、裁判文书制作等方面的审判经验和技巧方法，帮助法官助理提升法律素养和业务能力。

第九条【法官助理工作职责】法官助理在完成本职日常工作的同时，在导师指导下跟班学习，负责审查案件材料、拟定庭审提纲、组织证据交换、主持谈话调解、草拟裁判文书等审判辅助性事务。根据工作安排，列席专业法官会议、审判委员会会议，学习总结审执工作经验，提交年度办案工作总结。

第十条【案件分配】立案一庭按照随机分案原则向导师分配案件，分案量参照业务庭室员额法官的分案量。

第十一条【绩效评价】审管办依据《蚌埠市中级人民法院案件权重系数标准（修订）》计算导师承办案件的工作量，并根据审判及执行实施案件的不同属性分别按比例剥离出法官助理工作量，作为法官助理评先评优、晋职晋级和法官遴选的重要参考。

第十二条【施行时间】本办法自印发之日起施行。

附件 6

以导师制为牵引破解初任法官养成难题*

安徽省蚌埠市中级人民法院党组书记　院　长　高仁宝

科学构建初任法官养成机制、无缝对接员额制改革、实现法官精英化培养，是保证司法改革实施成效、有效提供可持续人力资源供给的必要手段。2019年以来，安徽省蚌埠市中级人民法院一直积极探索法官助理导师制改革，《初任法官养成机制研究》成功中标“最高人民法院2021年度司法研究重大课题”。蚌埠中院坚持深入调研、先行先试、理论与实践相结合，积极探索初任法官养成“蚌埠模式”。

项目化运行　三“图”延展细化实施

蚌埠中院以导师制为牵引，组建“司法实践共同体”，实施初任法官养成项目化管理模式，细化项目目标，明确责任主体，为机制创新提供明晰“路线图”。

画好项目“设计图”，明晰实施载体。蚌埠中院研究出台法官助理导师制实施办法，确立从法官助理到初任法官的项目化培养模式，明确由法官导师带领法官助理组建“司法实践共同体”作为项目实施载体，构建“1+1”或“1+N”相结合的扁平化办案单元。在“司法实践共同体”运行模式下，法官导师与法官助理基于司法实践深度融合，以师带徒、以案促学、教学相长、交流互动，真正实现了法官导师对法官助理“一对一”办案指导。

画好项目“施工图”，明晰实施方法。各团队法官导师负责管项目、把方向，推动项目从“设计图”转化为“施工图”。法官助理在法官导师的指导下，

* 该文原载《中国审判》总第302期。

对所分配案件先行开展庭前调解、证据交换、无争议事实固定等工作。对庭前调解不能的案件，法官助理及时向法官导师汇报，法官导师根据实际情况与法官助理同堂开庭审理案件。经法官导师许可，法官助理可参与案件事实调查，在全程参与庭审的基础上，由法官助理先行研判案件裁判思路，草拟裁判文书，报法官导师复核修订、完善定稿、署名发布。

画好项目“效果图”，明晰实施结果。蚌埠中院坚持“在学中做”“在做中学”，通过“司法实践共同体”运行模式，将初任法官养成机制嵌入真实司法工作情境，予以实战化训练。法官助理在亲身经历并真实融入各审判环节事务处理过程中获得经验、知识和技能。法官导师通过言传身教向法官助理传授法律适用、庭审驾驭、诉讼调解、裁判文书制作等方面的审判经验和技巧方法。法官助理根据安排，还可列席专业法官会议、审判委员会会议，学习总结审判执行工作经验，全面提升司法能力。

规范化管理　三措并举确保长效

项目的规范管理和长效推进有赖于体系化的制度保障。蚌埠中院以精细化管理为切口，以执行力建设为抓手，建立涵盖项目质量和进度等各方面的规范化管理制度体系，实现有章可循不留死角，动态管控狠抓落实。

依托全员定岗制度体系，推动项目目标分解到人。蚌埠中院将项目目标嵌入内设机构全员定岗方案，将整体项目目标细化分解至每位法官导师和法官助理，以岗位管理为基础，以培养目标为指引，将具体培养内容整合进工作岗位要求，再将任务明确细化到个人，实现目标分解“链条”闭环紧扣。根据各层级导师及法官助理的不同业务特点、岗位职责，对个人工作任务实行量化分解，核定不同考核单元，出台不同考评细则，为科学实施动态考评，激发整个队伍潜能和活力奠定基础。

依托平时考核制度体系，推动项目实施全程管控。蚌埠中院探索“平时考核”试点，有效克服常规静态考评周期长、频率低、结果预期性不足等弊端，将以导师制为牵引的初任法官养成项目管理有效嵌入“平时考核”之中，建立项目实施全程动态考评机制，突出过程管理。及时发现问题并反馈信息，帮助每位法官导师、法官助理认知自身优势和不足，在动态调适中实现培养目标落实与业务水平提升，切实推动项目实施全程管控。2021年6月，蚌埠中院被中共中央组织部、安徽省委组织部确定为公务员平时考核工作“双联系点”。

依托反馈问效制度体系，推动项目质量动态提升。蚌埠中院以绩效管理平台为依托进行个性化需求配置，建设“蚌埠中院智慧考评管理平台”，实现数据自动抓取、考评过程实时生成、考评内容动态更新。每周对考评中发现的问题开具“处方”，及时反馈至相关法官导师和法官助理，明确时限跟踪问效，在反馈与问效中整改，在交流互动中推动项目质量动态提升。依据案件权重系数标准，计算法官导师承办案件工作量，并按比例剥离出法官助理工作量，每月对法官导师和法官助理工作质效进行排名，根据考评结果评选月度“岗位能手”，构建良性竞争机制，提升考评激励效能。

着力协同化推进　三轴耦合统筹联动

深化司法体制综合配套改革，就是要在司法改革取得已有成效的基础上，以综合配套思路解决当前改革配套举措不完善、工作衔接不到位、系统集成能力不强等问题。就初任法官养成机制建设而言，应树牢系统化综合配套意识，注重与各项工作的有机衔接，推动各项改革系统集成，不断增强改革的系统性、整体性和协同性。

立足有机融合，与院庭长管理责任落实协同推进。鉴于大部分法官导师担任院庭长职务的情况，蚌埠中院法官助理导师制改革将院庭长管理责任有机融入导师指导全过程。院庭长导师通过“实践共同体”庭审等程序，在履行案件把关过程中直接参与重大、疑难、复杂案件审理，通过指导方式进行案件审判管理。

立足言传身教，与办案质效提升协同推进。蚌埠中院通过法官导师“手把手”“面对面”与法官助理共同参与案件审理，搭建“传帮带”载体，有效提升法官助理的司法能力。在“司法实践共同体”初任法官养成模式下，法官助理除了从导师身上学到审判技能，还能学到他们在司法办案乃至为人处世中的道德准则、司法良知。此外，蚌埠中院依托“青年理论学习小组”，在实战基础上为法官助理搭建集约化训练提升平台，安排资深法官主持开展互动性研讨，以庭审模拟、案例研讨为主要形式，训练法官助理裁判思维，为全面提升办案质效奠定能力基础和智力支撑。

立足活力释放，与队伍潜能激发协同推进。蚌埠中院结合项目培养规划，依托平时考核，构建法官助理分层次、阶梯式晋级晋升模式，明确完成预设培养目标的法官助理才可参加员额法官遴选考试，营造必要的竞争氛围，有效消解岗位倦怠与工作惰性，持续激发队伍工作活力。依据平时考评情况，打破论资排辈的传统观念，严格按照组织程序大胆提拔了一批包含法官助理在内的善于办案、善于管理的青年干警担任中层领导干部。其中，蚌埠中院80后中层干部已达11名，最大限度释放了队伍活力，激发执法办案澎湃动力。

从法官助理到初任法官的角色转换是一段理性思辨与实践历练相互交织的艰难过程。蚌埠中院探索实行的以导师制为牵引的“司法实践共同体”初任法官养成模式，通过“师徒”一对一指导及同堂审案的近身观摩、日积月累、潜移默化，真正实现了对司法经验与技艺更高层次的领悟与传承。

附件 7

最高人民法院2021年度司法研究重大课题《初任法官养成机制研究》调研问卷(一)

调研对象:组织人事部门负责人

调研说明

您好!本调查旨在对初任法官养成机制运行的现状以及在实务工作中产生的问题进行一次较为系统的了解,以期对我国初任法官养成制度的完善进行进一步研究,鉴于目前正式在编法官助理是我国初任法官的主要来源,本调查问卷中涉及的法官助理均是指法院正式在编法官助理。

本问卷为匿名调查,您所填写的数据仅用于我们的调查和研究,所有数据都将被严格保密,请放心填写。

请您务必对下列问题进行真实、客观的回答。感谢您的配合与支持!祝您身体健康,工作愉快!

调研内容

1.您所在的法院是:(　　)

A.基层法院　　B.中院　　C.高院

2.本院2021年结案总数(　　)件,员额法官(　　)名,在编法官助理(　　)名,其中在编法官助理系司法改革前助理审判员转任的(　　)名。在编法官助理中,协助法官办案的助理(　　)名,从事其他工作的法官助理(　　)名。

3.在编法官助理25岁以下的(　　)名,25—35岁的(　　)名,35—45岁的(　　)名,45岁以上的(　　)名;其中本科学历(　　)名,研究生以上学历(　　)名。

4.在当前的情况下,预测本院在编法官助理一年内可以入额(　　)名;两年内可以入额(　　)名;三年内可以入额(　　)名;四年内可以入额(　　)名;五年内可以入额(　　)名;六年内可以入额(　　)名;十年内可以入额(　　)名。

5.本院法官助理的配置模式是:(　　)(可多选)

A.直接配置给员额法官　　B.直接配置给审判团队

C. 直接配置给合议庭　　D.直接配置给业务庭

E.其他 ____________

6.本院法官助理的主要作用:(　　)

A.协助员额法官办案　　B.从事审判辅助工作

C.从事综合事务工作　　D.其他 ____________

7.本院法官助理协助员额法官办案的主要方式:(　　)

A. 分案式,即员额法官将一个案件完整地分配给一个法官助理,由其负责该案从开始到结案的所有辅助性事务

B.分人式，即法官助理跟随一个员额法官，不固定分配案件，由法官助理根据员额法官的指示办理审判辅助事务

C.分队式，即法官助理被分配到审判团队或者合议庭，根据团队内的员额法官指示办理审判辅助事务

D.分类式，即法官助理根据事务分类从事不同的类型的工作，如程序性工作、庭前准备工作、证据材料交换、鉴定等。

E.其他 ____________

8. 本院法官助理协助员额法官办案是否出庭：(　　)

A.出庭　　　　B.不出庭

9. 本院法官助理协助员额法官办案是否在裁判文书上署名：(　　)

A.署名　　　　B.不署名

10.本院法官助理培养成初任法官的主要方式：(　　)(可多选)

A.主要通过协助办案培养初任法官需要的能力

B.通过各种培训培养初任法官需要的能力

C.通过员额法官传帮带的形式培养初任法官需要的能力

D.其他 ____________

11-1.本院是否有针对法官助理的专门培训(　　)

A.是　　　　B.否

11-2.本院每年对法官助理的培训方式有：(　　)

A.10天内短期培训　　　　B.10—30天的中期培训

C.30—90天的长期培训　　　　D.90天以上的脱产培训

E. ____________

12.本院对于法官助理是否分级管理(　　)

A.是　　　　B.否

13.本院法官助理分级为：(　　)

A.1—5级　　B.1—10级　　C.1—20级　　D.其他 ___________

14.本院法官助理级别晋升方式是:

A.按期晋升　　B.择优晋升　　C.其他 ___________

15.本院法官助理遴选为初任法官时,高级别的法官助理是否优先晋升(　　)

A.是　　B.否

16.本院法官助理的级别是否和薪酬待遇挂钩(　　)

A.是　　B.否

17.本院对法官助理是否有系统完整的考核方案(　　)

A.有　　B.无

18.本院对法官助理的考核方式主要是:(　　)

A.协助办案业绩

B.协助办案业绩+员额法官或者所在团队、部门评价

C. 协助办案业绩+从事的其他工作评价

D.其他 ___________

19.本院对法官助理协助办案业绩的考核内容主要是:(　　)

A.案件数量、结案率、案件质量、案件效果、案件效率等审判质效指标

B.承担的草拟文书数量、参与庭审数等可量化的审判事务数量

C.政治素质、业务能力、综合能力等综合评价

D.其他 ___________

20.本院对法官助理的考核结果是(　　)的主要依据

A.职级晋升　　B.员额遴选　　C. 评先评优　D.其他 ___________

21.本院对法官助理晋升员额法官时党组评价的主要依据是:(　　)

A.协助办案业绩　B.综合表现　　C.其他 ___________

22. 本院法官助理遴选为初任法官时,是否需要员额法官或者本庭室、本审判团队出具评价意见(　　)

A.是　　　　　　B.否

23.本院现有法官助理人数是否满足日常工作需要(　　)

A.能　　　　　　B.不能

24.近五年,本院法官助理的人员流失情况是否严重(　　)

A.很严重　　　　B.不严重

25.您认为法官助理的功能定位是:(　　)(可多选)

A. 培养法官后备人才

B. 辅助法官工作,提高审判质量效率

C. 推进实现法官职业化

D.其他 ________

26.本院对法官助理是否有定期轮岗制度(　　)

A.是　　　　　　B.否

27.本院对法官助理的定期轮岗制度是否按照民事、刑事、行政、执行、立案等岗位法官助理进行规范的轮岗培养(　　)

A.是　　　　　　B.否

28.您认为本院法官助理在运行过程中存在哪些问题?产生这些问题的主要原因有哪些?

____

____

____

____

____

____

____

最高人民法院2021年度司法研究重大课题《初任法官养成机制研究》调查问卷（二）

调查对象：员额法官

您好！本调查旨在对初任法官养成机制运行的现状进行调研，以期有助于完善初任法官养成工作。鉴于目前正式在编法官助理是我国初任法官的主要来源，本调查问卷中涉及的法官助理均是指法院正式在编法官助理。

本问卷为匿名调查，您所填写的数据仅用于我们的调查和研究，所有数据都将被严格保密，请放心填写。

请您务必对下列问题进行真实、客观的回答。感谢您的配合与支持！祝您身体健康，工作愉快！

一、基本情况

1.您所在法院的类型：（后打√）

A.基层人民法院

B.中级人民法院

C.高级人民法院

2.您当前的职务是：（后打√，可多选）

A. 院领导　B.部门负责人　C. 中层副职　D.员额法官

二、初任法官培养制度方面

3.您认为您所在法院的法官助理培养制度是否能够满足初任法官遴选需要吗？（如选 B，请完成3-1 题）

A.能　B.不能

3-1.您认为法官助理培养制度不能够满足初任法官遴选需要的主要原因(　　)

A.制度设计不合理

B.制度与具体司法实践脱节

C.制度具体实施存在问题

D.没有系统的培养制度

E.其他原因(请详细补充)__________

4. 本院法官助理的主要作用:(　　)

A.协助员额法官办案　　　　B.从事审判辅助工作

C.从事综合事务工作　　　　D.其他 __________

5.您认为员额法官与法官助理之间的关系是(　　)(单选)

A.员额法官与法官助理之间职责不同,关系平等

B.法官助理是员额法官的助手、助理,员额法官具有主导地位,法官助理具有从属地位,在员额法官的指导下开展工作

C.其他 __________

6.您认为法官助理在协助办理的案件中主要因为法官助理的原因出现质量问题司法责任应该如何承担?(　　)(单选)

A.由员额法官承担责任

B.由法官助理承担责任

C.员额法官和法官助理都应承担相应的责任

D. 其他 __________

7.您认为法官助理与书记员之间的关系是(　　)(单选)

A. 两者都是员额法官的助手,都是接受员额法官指导,职责分工不同,工作协作配合

B. 书记员是法官助理的助手,主要在法官助理指导下开展工作

C.其他 __________

三、职责定位方面

8.司法实践中法官助理承担的工作有(　　)(可多选)

A.审查诉讼材料,提出诉讼争执要点,归纳、摘录证据;

B.确定举证期限,组织庭前证据交换;

C.代表法官主持庭前调解,达成调解协议的,须经法官审核确认;

D.办理指定辩护人或者指定法定代理人的有关事宜;

E.接待、安排案件当事人、诉讼代理人、辩护人的来访和阅卷等事宜;

F.依法调查、收集、核对有关证据;

G.办理委托鉴定、评估、审计等事宜;

H.协助法官采取诉讼保全措施;

I.准备与案件审理相关的参考资料;

J.按照法官要求,草拟法律文书;

K.办理排定开庭日期等案件管理的有关事务;

L.完成法官交办的其他与审判业务相关的辅助性工作;

M.庭审记录;

N.整理、装订、归档卷宗;

O.其他 __________

9. 司法实践中书记员承担的工作有(　　)(可多选)

A.审查诉讼材料,提出诉讼争执要点,归纳、摘录证据;

B.确定举证期限,组织庭前证据交换;

C.代表法官主持庭前调解,达成调解协议的,须经法官审核确认;

D.办理指定辩护人或者指定法定代理人的有关事宜;

E.接待、安排案件当事人、诉讼代理人、辩护人的来访和阅卷等事宜;

F.依法调查、收集、核对有关证据;

G.办理委托鉴定、评估、审计等事宜；

H.协助法官采取诉讼保全措施；

I.准备与案件审理相关的参考资料；

J.按照法官要求，草拟法律文书；

K.办理排定开庭日期等案件管理的有关事务；

L.完成法官交办的其他与审判业务相关的辅助性工作；

M.庭审记录；

N.整理、装订、归档卷宗；

O.其他 ___________

10.您认为法官助理与书记员是否存在职责不清的情况(　　)(若选A，请完成15-1题)

A.存在　　　　　　　　　　　B.不存在

10-1.您认为法官助理与书记员职责划分不清的主要原因是(　　)

A.法律规定不明确

B.两者身份定位类似

C.法院人员的主观认知出现偏差

D.无法对具体工作进行明确划归

E.其他 ___________

四、配置模式方面

11. 本院法官助理的配置模式是:(　　)(可多选)

A.直接配置给员额法官

B.直接配置给审判团队

C. 直接配置给合议庭

D.直接配置给业务庭

E.其他 ___________

12.您认为当前您所在单位法官助理的配置模式是否合理(　　)(单选)

A.合理　　　　　　　　　　B.不合理

13. 您认为最合理的法官助理配置模式是(　　)

A.直接配置给员额法官

B.直接配置给审判团队

C. 直接配置给合议庭

D.直接配置给业务庭

E.其他 ___________

14.您认为影响法官助理科学配置的主要原因是(　　)(单选或多选均可)

A.法官助理人数较少

B.法官助理素质能力较低

C.法官助理职责不清

D.法官助理功能定位不明

E.其他 ___________

15.您认为当前本单位法官助理数量能否满足工作的需要(　　)(如选 B,请完成 15−1 题)

A.能　　　　　　　　　　B.不能

15−1.如若不能满足实践需要,您认为应当如何配置法官助理的人员数量(　　)(单选)

A.员额法官与法官助理按照1∶1比例配置

B.法官助理数量与书记员按照1∶1比例配置

C.法官助理数量与员额法官按照2∶1比例配置

D.以审判团队为单位,按照一定比例确定

E.以案件数量基准,根据案件数量确定法官助理人数

F.其他 ___________

16.您认为法官助理应如何进行管理(　　)(单选)

A.本院集中管理

B.员额法官管理

C.审判团队管理

D.庭室管理

E.其他 __________

五、职业保障与配套机制方面

17.您认为当前本院法官助理的薪酬与员额法官相比是否合理(　　)(单选)

A.不合理,法官助理偏低

B.合理

C.不合理,法官助理偏高

18.本院法官助理的工作业绩如何考评(　　)(单选)

A.主要根据法官助理协助办案的业绩

B.根据法官助理协助办案的业绩与法官评价双重标准进行考核

C.主要依据法官的评价意见

D.其他方式 __________

19.您认为目前本院法官助理的考评方式是否合理(　　)

A.不合理　　　　B.合理

20.您认为目前本院对法官助理的职业保障是否良好(　　)

A.是　　　　B.否

21-1.您认为法官助理工作的晋升空间畅通吗(　　)(如选B,请完成21-2题)

A.畅通　　　　B.不畅通

21-2.如若不畅通,您认为不畅通的主要原因是(　　)(单选)

A.空缺员额法官较少,法官助理入额渠道不畅通

B.法官助理层级较多，内部成长缓慢

C.法官助理内部晋升年限较长

D.其他 ________

22.您认为遴选产生员额法官的法官助理任职年限多少较为合理(　　)(单选或多选均可)

A.一年以上　B.二年以上　C.三年以上　D.四年以上

E.五年以上　F.六年以上

23.您认为可以从哪些方面完善我国法官助理机制(　　)(可多选)

A.明确职责分工

B.加强培养学习

C.建立单独序列、强化分级分类管理

D.健全单独考核标准和奖惩机制

E.提升薪酬待遇、加强职业保障

F.加强轮岗锻炼

G.完善人员配置比例

H.完善法官助理任职条件、扩宽来源渠道

I.其他

24.对于完善初任法官培养制度，您是否还有其他意见？

最高人民法院2021年度司法研究重大课题《初任法官养成机制研究》调研问卷(三)

调查对象:正式在编法官助理

调研说明

您好!本调查旨在对初任法官养成机制运行的现状以及在实务工作中产生的问题进行一次较为系统的了解,以期对我国初任法官养成制度的完善进行进一步研究,鉴于目前正式在编法官助理是我国初任法官的主要来源,本调查问卷中涉及的法官助理均是指法院正式在编法官助理。

本问卷为匿名调查,您所填写的数据仅用于我们的调查和研究,所有数据都将被严格保密,请放心填写。

请您对下列问题进行真实、客观的回答。感谢您的配合与支持!祝您身体健康,工作愉快!

调研内容

1.您所在的法院是:(　　)

A.基层法院　　B.中院　　C.高院

2.您的性别是:(　　)

A.男　　B.女

3.您的年龄:(　　)

A.30周岁以下　　B.30至35周岁

C.35至40周岁　　D.40周岁以上

4.您进入法院工作的时间:(　　)

A.5年以内　　B.5至10年　　C.10年以上

5.您担任法官助理的时间:(　　)

A.5年以内　　B.5至10年　　C.10年以上

6.您入额的意愿:(　　)

A.非常强烈　　B.比较强烈　　C.不强烈

7.您想入额的原因是:(　　)

A.自己的职业目标和发展方向

B.自己的法律情怀

C.提升薪酬待遇

8.您不想成为员额法官的主要原因:(　　)

A.编制问题

B.法官的工作压力大

C.不是自己的职业方向

D. 其他

9.您目前的工作模式是:(　　)

A.跟随1名法官辅助办理案件

B.跟随多名法官辅助办理案件

C.在综合行政部门工作,不办理或办理少量案件

D.基本上独立办理案件

10.您认为当前您所在单位法官助理的配置模式是否合理(　　)(单选)

A.合理　　　　B.不合理

11. 您认为最合理的法官助理配置模式是:(　　)

A.直接配置给员额法官

B.直接配置给审判团队

C. 直接配置给合议庭

D.直接配置给业务庭

E.其他 ______

12.如果您是中级法院的法官助理,对到基层法院入额看法如何:(　　)

A.愿意到基层法院入额　　B.不愿意到基层法院入额

13.您希望入额前接受哪些锻炼与培训:(　　)(可多选)

A.在员额法官指导下辅助办理案件

B.在员额法官指导下一定程度上独立办理案件

C.接受行政、立案、执行等多岗位锻炼

14.您认为成长为一名员额法官最需要历练和提升的能力是什么(　　)(可多选)

A.法律适用能力

B.事实认定能力

C.文书写作能力

D.沟通协调能力

E.具体实践中的司法技艺能力

F.其他 ___________

15.您认为成长为一名员额法官,最重要的成长途径有哪些?

A.跟师学习

B.书本学习

C.同行交流

D.专项培训

E.其他 ___________

16.您在跟从员额法官辅助办案过程中,有无学到一些有关司法技艺的隐性知识(可以意会但难以言传的知识)?若有,这些知识主要存在于哪些环节或领域(　　)(可多选)

A.案件调解环节

B.庭审驾驭环节

C.判后释惑环节

D.当事人情绪引导安抚环节

E.其他 ___________

17.您认为司法技术或者说司法技艺要如何习得(　　)(可多选)

A.专题培训学习

B.参与办案了解程序

C.跟随员额法官亲历案件审理观摩学习

D.总结交流讨论

E.其他 ___________

18. 您对所在法院关于法官助理的绩效考核标准有何意见(　　)(可多选)

A.考核标准很科学

B.考核标准还有很多需要完善的地方

C.没有关于法官助理的考核标准

19.您认为您所在法院的法官助理培养制度能够满足初任法官遴选需要吗(　　)(如选B,请完成19-1题)

A.能　　　　　　　　B.不能

19-1. 您认为法官助理培养制度不能够满足初任法官遴选需要的主要原因(　　)

A.制度设计不合理

B.制度与具体司法实践脱节

C.制度具体实施存在问题

D.没有系统的培养制度

E.其他原因(请详细补充)__________

20.您认为员额法官与法官助理之间的关系是(　　)(单选)

A.员额法官与法官助理之间职责不同,关系平等

B.法官助理是员额法官的助手、助理,员额法官具有主导地位,法官助理具有从属地位,在员额法官的指导下开展工作

C.其他 __________

21.您认为法官助理在协助办理的案件中主要因为法官助理的原因出现质量问题司法责任应该如何承担(　　)(单选)

A.由员额法官承担责任

B.由法官助理承担责任

C.员额法官和法官助理都应承担相应的责任

D. 其他 __________

22.您认为法官助理与书记员之间的关系是(　　)(单选)

A. 两者都是员额法官的助手,都接受员额法官指导,职责分工不同,工作协作配合

B. 书记员是法官助理的助手，主要在法官助理指导下开展工作

C. 其他 __________

23.您认为法官助理工作的晋升空间畅通吗（　　）

A.畅通　　B.不畅通

24.您认为法官助理工作的晋升空间不畅通的主要原因是（　　）（单选）

A.空缺员额法官较少，法官助理入额渠道不畅通

B.法官助理层级较多，内部成长缓慢

C.法官助理内部晋升年限较长

D.其他 __________

25.您认为遴选产生员额法官的法官助理任职年限多少较为合理（　　）（单选或多选均可）

A.一年以上　　B.二年以上　　C.三年以上　　D.四年以上

E.五年以上　　F.六年以上

26.近五年内，您对自己工作的规划是（　　）

A.继续从事法院法官助理的的工作，等待入额机会

B.向本单位行政岗位转化

C.调任其他单位工作

D.辞去法院公职，转行律师等法律服务职业

E.其他 __________

27.您认为可以从哪些方面完善我国法官助理机制（　　）（可多选）

A.明确职责分工

B.加强培养学习

C.建立单独序列、强化分级分类管理

D.健全单独考核标准和奖惩机制

E.提升薪酬待遇、加强职业保障

F.加强轮岗锻炼

G.完善人员配置比例

H.完善法官助理任职条件、扩宽来源渠道

I.其他

28. 您认为当前本院法官助理的薪酬与员额法官相比是否合理(　　)(单选)

A.不合理,法官助理偏低

B.合理

C.不合理,法官助理偏高

29.对于完善初任法官养成制度,您是否还有其他意见?

致　谢

中标最高人民法院2021年度司法研究重大课题《初任法官养成机制研究》，在蚌埠法院历史上是第一次。

为了做成"最好的一次"，课题主持人、蚌埠市中级人民法院党组书记、院长高仁宝牵头组建课题专班，多次召开专题会议统筹谋划课题调研、论证工作，积极邀请最高人民法院、安徽省高级人民法院、蚌埠市委组织部领导，中央党校、复旦大学、安徽财经大学专家学者对调研工作思路、报告提纲、调研计划、工作重点予以指导。课题组选取有代表性的法院，分赴东部、中部、西部兄弟法院学习调研，博采众家之所长，潜心思考深化司法责任制综合配套改革中初任法官养成机制这一基础性长远性热点性的问题。

一年的时光匆匆而过，调研报告几易其稿，终得收笔。感谢最高人民法院法官管理部部长叶健，安徽省高级人民法院政治部主任李亚东，蚌埠市委常委、组织部部长马天奇等领导对重大课题的关心和支持。感谢中央党校博士生导师张忠军、复旦大学博士生导师张梓太、安徽财经大学硕士生导师张卫彬等专家学者对重大课题的学术帮助。感谢最高人民法院法官管理处张磊同志对重大课题的耐心指导。感谢省外兄弟法院江苏省高级人民法院、上海市第二中级人民法院、南京市中级人民法院、成都市中级人民法院、扬州市中级人民法院、重庆市第一中级人民法院、重庆市两江新区人民法院、成都市高新区人民法院、镇江市润州区人民法院、苏州市姑苏区人民法院的智慧支持。感谢安徽省高级人民法院政治部和省内16个地市两级法院无私提供实证分析基础数据，让重大课题有了独特、创新和厚重的章节。

此外，还要感谢蚌埠市中级人民法院和蚌埠市禹会区人民法院多位法官助理和书记员在数据统计和图表制作上提供的帮助，感谢陈栋梁同志参与调研报告的修改工作。

《初任法官养成机制研究》重大课题研究成果既是对司法责任制综合配套改革进行思考的智慧迸发，也是对初任法官养成模式的积极探索，课题组将在调查研究的基础上，努力在优化初任法官养成路径上有所建树，为持续推动新时代人民法院工作高质量发展作出新的贡献。

初任法官养成机制研究课题组

2023年11月